真理的探索者

科学家

陈绍奇◎著

中国出版集团
现代出版社

图书在版编目(CIP)数据

真理的探索者 / 陈绍奇著.——北京：现代出版社，2013.1 （2024.12重印）

（我的未来不是梦）

ISBN 978-7-5143-1065-8

Ⅰ.①真… Ⅱ.①陈… Ⅲ.①科学家－生平事迹－世界－青年读物②科学家－生平事迹－世界－少年读物 Ⅳ.①K816.1-49

中国版本图书馆 CIP 数据核字(2012)第 292850 号

我的未来不是梦—真理的探索者(科学家)

作　　者　陈绍奇
责任编辑　刘　刚
出版发行　现代出版社
地　　址　北京市朝阳区安外安华里 504 号
邮政编码　100011
电　　话　(010) 64267325
传　　真　(010) 64245264
电子邮箱　xiandai@cnpitc.com.cn
网　　址　www.modernpress.com.cn
印　　刷　唐山富达印务有限公司
开　　本　700×1000　1/16
印　　张　12
版　　次　2013 年 1 月第 1 版第 1 次印刷　 2024 年 12 月第 4 次印刷
书　　号　ISBN 978-7-5143-1065-8
定　　价　47. 00 元

序　言

这套以“我的未来不是梦”命名的丛书，经过众多编者的数年努力，终于以这样的形式问世了。

此时，恰值党的“十八大”刚刚胜利闭幕，选举出了以习近平同志为首的党中央领导集体。“十八大”报告中对教育领域提出：“坚持教育为社会主义现代化建设服务、为人民服务，把立德树人作为教育的根本任务，培养德智体美全面发展的社会主义建设者和接班人。”这使我们编者更感此套丛书生即逢时，契合新时期新要求，意义重大。

我们编写的这套《我的未来不是梦》系列丛书，精选了古往今来的一些重要职业，尤以当下热点职业为重。而“梦想的实现”则是本套丛书的核心。整套书立意深远，观点新颖，切合实际，着眼实用，是不可多得的青少年优质读物。

我们深信，这套丛书必将伴随小读者们的生活与学习，而促进他们德智体美全面健康的成长。更使他们对未来充满信心，驾驭着新知识和新科技，驶入海洋，飞向蓝天，去实现最美好的梦想！

目录 CONTENTS

CONTENTS

第一章

关于科学家的翅膀

导读

我要飞翔

我想拥有一双翅膀
我想自由自在地飞翔
我想与蓝天白云做伴
我想遨游丘陵山岗

我想插上科学的翅膀
我想对九霄歌唱
我想化做一颗晨星
我想挂在黎明前的天空上
展开想象的翅膀

■ 科学家是怎么炼成的

【科学】反映自然、社会、思维等客观规律的分科的知识体系。

【科学家】从事科学研究工作有一定成就的人。

【翅膀】昆虫的飞行器官，一般是两对，呈膜状，上面有翅脉，有的前翅变成角质或革质。通常又指鸟类等动物的飞行器官。通称翅膀。

——摘自《现代汉语词典》

是的，在现代汉语词典中，科学、科学家与翅膀的词条并不相关，甚至是有点风马牛不相及。但是，我们还是要说科学家与翅膀。因为，我们讲的并非是生物学概念，而是形象化的语言。用翅膀来形容科学家们掌握科学技术知识的含量和丰富的想象力。

当然，科学家和我们一样，都是有血有肉的人，有七情六欲，也有儿女情长，这些并不奇怪。奇怪的是科学家们的思维与我们一般人不一样。这就给我们提出了一个问题：

科学家是怎么炼成？

怎样回答这个问题呢？我们还是应该先从科学这个词条谈起。

现代汉语词典说科学是一个知识体系，是反映自然的，社会的和人类思维的客观规律的知识体系。也就是说，科学不仅仅反映对自然界的研究，也包括对人类社会的社会形态研究，即所谓的社会科学的研究。又因为自然界与人类社会是都是十分纷繁复杂的客观存在，所以，研究的本身又分为许多科目来进行。

以这个角度来审视科学，就是说，科学几乎包括所有可能提供研究的领域，因而科学家也就分门别类地成为各个专业方面的研究者。比如研究自然界的物理学家、化学家、生物学家。还可以更细，比如核物理学家、天体物理学家、地球物理学家。当然还可以分得更细，比如动力学家、气象学家、地质学家等等。当然还会继续细分下去。社会科学的研究也是如此，比如经济学家、哲学家、人类学家等等。当然也可以分得更细，比如社会经济学家、社会心理学家、社会管理学家。所有这个家那个家概括起来，都可以称其为科学家。

由此而论，科学分自然科学和社会科学，科学家自然也可以分为自然科学家和社会科学家，这本不该有什么异议。可事实上，人们对科学家的认知度往往倾向于自然科学研究者。比如有人一提到钱学森，或者李四光，或者袁隆平，人们立刻就知道他们是大科学家。而提到张五常、钱颖一、郎咸平，也许有的人知道他们是经济学家，但许多人连这个都不知道，更不会很自然地想到他们同样也是科学家。在人们的大脑里，似乎研究经济与科学相差甚远。其实这是人们认识上的误区，因为研究社会经济是人类社会发展中十分重要的科学课题。它的重要性绝对不亚于对自然科学研究。

好了，我们了解了科学家的含意，再说一说科学家的翅膀吧！前面说过，我们所讲的科学家的翅膀是形象化的语言，是形容科学家们所具备的技能与素质。这是一个过程，一个非同一般的过程，也就是炼就科学家的过程。

首先，炼就科学家的材料，即可能成为科学家的先天人才。

每一名科学家都会具备一定的天赋。很显然，一个智力不足的人，肯定不会成为科学家。就好比一块顽石，怎么也炼不出钢来。

什么是天赋呢？天赋就是一种感知和认知的能力。很难想象一个思维迟钝的孩子会成长为科学家，这几乎是不可能的。

可是，我们如果换一个角度来审视这个问题，就是另外一种结果了。那就是在今天的人类社会里，除先天性智障的儿童之外，又几乎所有的孩

子都可能成长未来的科学家。现代科学研究证明，所有正常的孩子在刚一出生时，智力水平并没有太大的差异，他们的感知能力几乎相等。从这个意义上说，这些孩子们都具备科学家的天赋。

但是话又说回来了，有了天赋未必就能成为科学家。为什么呢？这就是我们要讲的下一个问题。

第二，炼就科学家还需要有相应的后天生存条件。

如果说一个孩子正常的智力水平，是成就一名科学家的先天条件的话，那么孩子后天的生存条件则是成就科学家的另一个前提。

许多年以前有一个狼孩儿的传说，说是人们在大森林里捕获了一个狼孩儿。这孩子像狼一样的用四肢奔跑，像狼一样的捕食动物。不会说话，只会像狼一样的嗥叫。人们猜测，说这孩子在嗷嗷待哺的时候失去了母亲，可能被遗弃在荒山野岭。或许就在他饥饿难耐哇哇哭啼的时候，一只母狼出现了。这是一个母亲，一个正在哺育几只幼崽的母亲。它听懂了孩子的啼哭，它把自己的奶嘴塞进了孩子的嘴里。从此，孩子就成了狼妈妈的又一个幼崽。

我们无法想象一个孩子在狼窝里是怎么活下来的，但是他活了，并且成为一个狼孩儿。或许是狼群中最聪明的狼孩儿，但他很难在人群中成为佼佼者。据说后来人类学家对这个狼孩儿进行了训练和教育，可惜的是。他的智力最后只达到了两三岁孩子的智力水平。

这个结果告诉我们，他是人，他的智力可能高于所有狼的水平。可是因为他很小的时候就开始接受狼的教育，他的思维空间被限定在了狼的范围之内，因而他永远不会拥有普通人的那种智力水平和思维能力了。

这个故事告诉我们一个道理，就是一个孩子的生活环境，特别是婴幼儿时期的环境，对孩子最早期的智力发展是至关重要的。由此我们应该知道，婴幼儿的早期生活环境是未来成长中的另一个重要因素。

第三，炼就科学家的个人努力

前面讲的两点都是成为科学家的基本前提，但不是具备了这样的前提，就会自然而然地成为科学家。还有一个更重要的条件，就是个人的努

力。而且这个努力要从很小的时候就开始，当然这也与个人生活环境有直接的关系。

一个农民的儿子，从小就认识区域内的各种植物，这个是小麦，那个是玉米；或者这个是水稗草，那个是芦苇。而城市里的孩子，这些对他们来说，真是五谷不分。或许到了菜市场能指出一两种蔬菜，而一旦进了菜地里，可能就会大呼小叫，好像哥伦布发现了新大陆一样地感到新奇。农民的儿子会种地，渔民的儿子会打渔，龙王爷儿子会凫水，山神爷的儿子能打猎。听起来像是顺口溜，实际上确是在讲生活环境对人成长过程中的影响。

这是个道理，但不是绝对的。相对地说，个人在成长过程中所做的努力才是绝对的。这里面有一个辩证的说法，就是一个人通过个人努力，可能成功，或成为自然科学家，或成为社会科学家。我这里用了可能。也就是可能成功，也可能不成功。但是，如果个人不努力，那肯定不会成功。别说是成名成家，就是自食其力，自己养活自己恐怕都是问题。

怎么努力？

我想这是你该向我提出的问题了。

我的回答似乎很简单，那就是：学习——实践，再学习——再实践。在学习中掌握理论，在实践中夯实理论。对于我们青少年来说，首先是要学好课本中的知识。这是绝对重要的。因为课本中的知识是人类社会发展到今天，是一切科学文化的精华，它是我们走向更深奥的科学文化领域的基础中的基础。

当然，因为每个人的生活环境与成长过程中的培养是不同的，因而他们的未来肯定不同。在众多的成长的人群中，可能只有少部分人成为科学家。这是个大浪淘沙的过程。在迈向科学研究的领域，所有前进者都时刻面临被选择，被淘汰的可能。不在于你是否努力了，而在于你是否掌握了坚实的理论基础和实践经验，你的知识储备是否已经达到足够的支持你继续研究的含量。否则，只有被淘汰。这不是耸人听闻。有太多的科技工作者在某课题的研究中，就是因为知识储备不足而不得不放弃继续研究。而且很可能就差那么一点，或者也可以说仅是一步之遥，就划开了科技工作

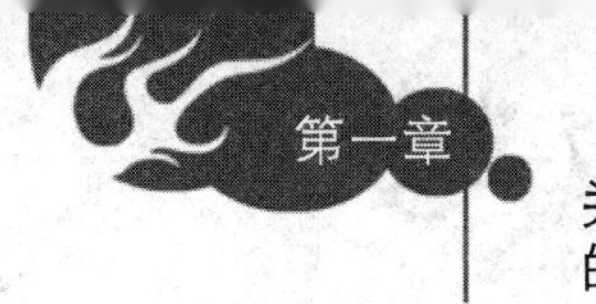

者与科学家的界限。

基于上述三个方面，我们可以得出一个结论，那就是炼成一名科学家至少需要：天赋+后天环境+个人之努力。三者不可缺一。

天赋是先天因素，这里当然包括遗传因素，但与婴幼儿的早期生活环境也有着密不可分的关系。科学研究发现，人类的智力第一开发期是的婴幼儿时期。这个时期的智力开发程度基本决定了孩子一生中的思维意识。也就是说，某一位个体的人的聪明程度，取决于他在婴幼儿时期的智力开发程度。

如果说天赋是一个人成长为科学家的先决条件，那么后天环境则是一个人在夯实理论基础阶段的必要条件。这一点根据我们前面讲的来看是毋庸置疑的。有资料显示，每年能够考上大学的学生中，知识分子的子弟比例最高，其次是城市干部子弟，再往下的顺序是：城市普通市民子弟，农村干部子弟，而普通农民子弟更少，甚至可以说是凤毛麟角。

为什么？

这至少有两个方面的原因。一个是普通农民的子弟生活的环境生活在自然习惯与相对原始的环境当中，他们接触到的来自外部的信息量相当地少。对外部世界了解的少，相对地阻碍了他们的智力开发或者说是思维的扩展。另一个是农村的教育资源贫乏、落后，父辈或者祖辈受教育程度低，直接影响到孩子接受教育的程度。

但是我们还应该看到，尽管农民子弟成为专家学者的是少数，但毕竟还有，有的还是著名的专家学者。这说明什么呢？

个人努力。这是至关重要的因素。没有人怀疑，任何人，如果不通过个人的努力，想要成名成家那是不可能的事。别管你有多好的先天条件，多么好的成长环境都没用。对于你，那真是极大的资源浪费。

反之，即使你没有那么好的先天条件，也没有那么好的成长环境，可是通过你个人不懈的努力和艰苦的奋斗，也一定会达到成功的彼岸。那些已经成为了专家学者的农民子弟们，没有一个不是通过自己的奋斗才取得了今天的令人称赞的成就。应该明确的是，因为我国人口众多，基数也大，所

以农民子弟成为专家学者的人数并不少。成为出身于农民子弟的专家学者,也许,你就是下一个。

综合上面所归纳分析的三个方面,我们不难看出,在天赋、成长环境和个人努力之中,最最重要的就是个人的努力奋斗。如果说前两者是炼成科学家的基础材料,那么第三者就是炼就科学家的必经之路。也就是我们所说的插上科学家的翅膀。这个翅膀并不是某个人,或者某个集团,更不是人的父母至亲给你插上的,需要你自己,通过不懈的努力和奋斗,脚踏实地一步一步,一点一点地给自己插上的。当你真正戴上科学家的桂冠之时,你就会为你曾经走过的道路而自豪,而喜悦。

■ 想象的翅膀

然而,还有一个实质性问题,就是并不是所有的人通过个人的努力和奋斗,都能成为科学家。这里还有一个为什么?

为什么呢?

因为你具备了上述的所有条件,只是给一个人插上了一只翅膀。

我们都知道,任何一种生物,只有一只翅膀是飞不起来的。对于科学家来说,我们所说的翅膀是一种形容,或者说是形像语言。但是这种形像的语言在说明一个道理,任何一位有所造就的科学家,都有两只翅膀。一只是理论知识,而另一只则是丰富的想象力。

我们许多人都知道梁思成先生是我国著名的建筑学家,可是有多少人知道梁思成先生还是著名的音乐家呢。那首著名的《思乡曲》让多少身在异乡的游子流下了思乡的泪水呢。我们知道音乐家的创作,是在大脑思维中的空间里填充音符。作曲家心中的思绪,像流水一样化作那优美的旋律和抑扬顿挫的节奏,在他的想象中汇聚,并形成情感洪流旋即暴发。没有

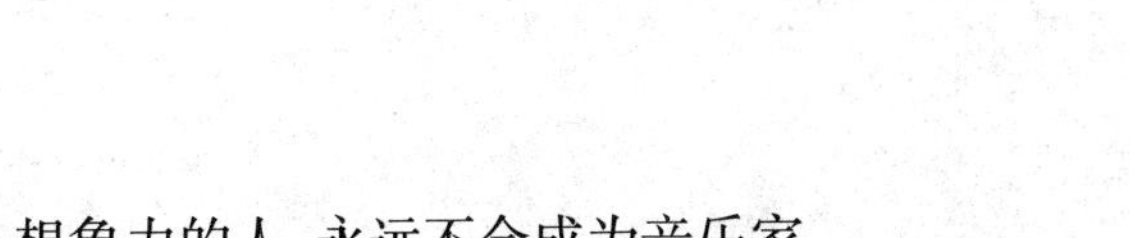

想象力的人，永远不会成为音乐家。

同样的道理，一位优秀的建筑学家，首先应该是一位建筑美学专家。也就是这个建筑美学，让建筑设计者在大脑的空间首先将建筑物的形体树立起来，形成影像。没有丰富想象力的人，也没有可能成为好的建筑学家。

因此我们说梁思成先生的成就，绝不仅仅来源于他极为扎实的建筑理论知识和丰富的实践经验，还来自于他的更为丰富的想象力。

可以肯定的是，每一位有所成就的科学家，都具有非凡的想象力，这就是科学家们另一只翅膀。而这只翅膀，同样是划开科技工作者和科学家的界限。一个人的理论功底怎么扎实，如果他缺乏丰富的想象力，那么他只能是一个工匠，甚至不是最好的工匠。

我们这一章回答了什么是科学家，具备什么样的条件才有可能成为科学家。需要我们明确的是，在今天的世界上，科学发展日新月异，我们每个人都在享受科学技术带来的成果。然而人类社会发展到今天，还仅仅是个开始。未来科学技术的发展前景将更为广阔。比如数百年之后，我们这座星球承载不了更多的人口，那么向太空移民将变为现实。没有人会怀疑未来，我们人类将乘坐以每秒30万千米速度的飞船，继续探索未知的宇宙奥秘。也许我的读者们中的那一位，将作为探索这些奥秘的奠基者，创立下与日月同辉的功勋。

智慧心语

科学是分门别类的知识；智慧是井井有条的生活。

——康德

科学是使人的精神变得勇敢的最好途径。

——布鲁诺

在我们现代世界中，再没有第二种力量可以与科学思想力量相匹敌。

——恩斯特·卡西尔

科学不能或者不愿影响到自己的民族以外是不配做科学的。

——普朗克

攀登科学文化的高峰，就要冲破不利条件限制，利用生活所提供的有利条件，并去创造新的条件。

——高士其

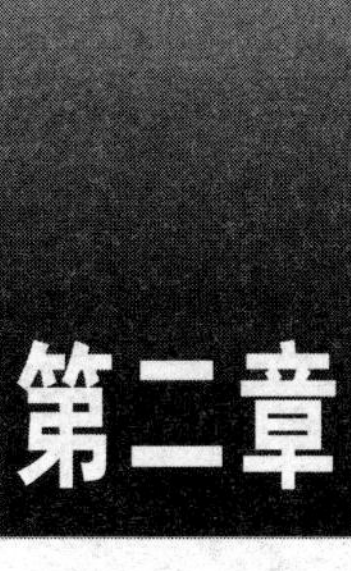

第二章

好奇是科学的源泉

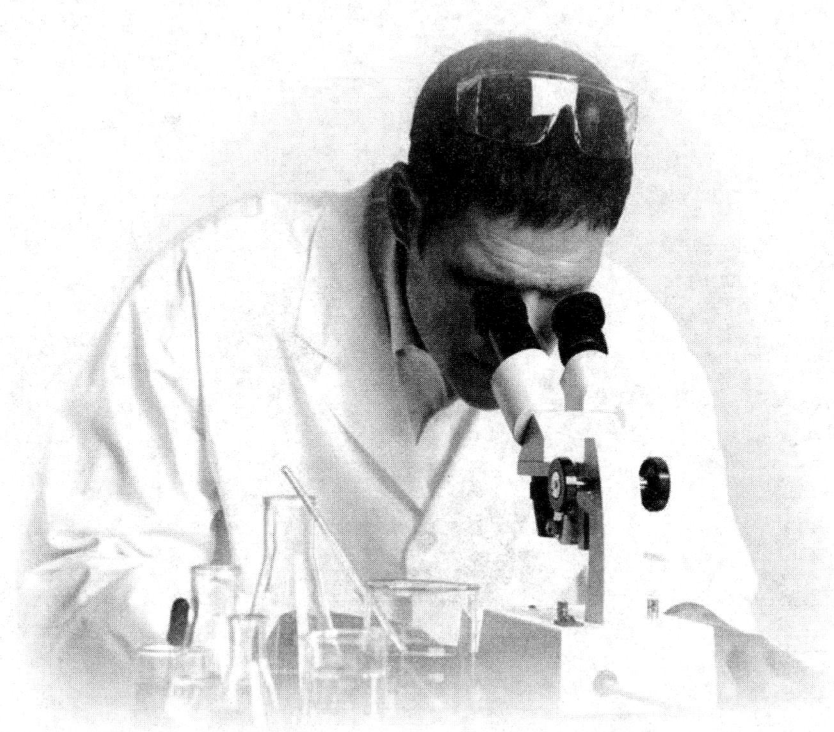

导读

好奇是科学的源泉，说明了一个人的好奇，对于成长为一名科学家的重要性。善于从在生活中观察事物，对于不懂的事物多提出几个为什么，在寻找问题的答案中发现科学要素，使其成为研究的要点，进而完成一项研究，这便是成为一名科学家的基本要求。可以说，没有好奇，就不会有科学研究。

■ 拥有一颗好奇的心

应该说,每个人在童年的时候,都有一颗好奇的心。这是人在认知这个世界和感知这个世界的时期的基本需要。但是随着年龄的增加和人生阅历的丰富,人们的好奇心就渐渐地淡漠,慢慢地被生活需要所取代。一般地说,对于生活中的好奇,已经随着人的成长,那些疑问已经在生活和学习中找到了答案,人们就变得不再那么好奇。对于一般的人来说,这是合理的。

然而,我们应该清醒地认识这样一个事实,就是想成为一名科学家,就不能像普通人那样,满足于对一般事物的理解和需求,要时刻保持那颗好奇的心,保持那种探秘的欲望。因此,我们要从小就训练自己的探究问题的心理,应该有一种不弄明白不罢休的精神。事实证明,正是这种精神带领探索者走上了科学家之路。

十八世纪八十年代初,英国诞生了一项伟大的发明,就是蒸汽机。这项发明推动了一个时代的变换,开创了英国工业革命的新时代。这名发明家就是詹姆斯·瓦特。

瓦特生于英国的格拉斯哥附近的格林诺克小镇。当时这里有英国的造船厂,机械工业相对发达,因此许多的人成为了造船厂里的技术工人。瓦特家族的爸爸爷爷和叔叔也都是这所造船厂里的机械工人。也许是受长辈们的影响,瓦特从小就喜欢那些转动的机器。那个时候还没有自动运行的机器,没有发电机,没有电动机,连蒸汽机也没有。机器的转动都是靠

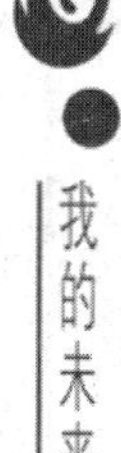

人工,象摇井绳的辘辘一样地摇动摇把,通过连动装置,让机器运行起来。瓦特对这些很好奇,经常跑到工厂去观看,弄不懂的地方就问爸爸、爷爷还有叔叔,就这样,他知道了许多机械转动的原理,也明白把这些机器做出来的基本过程。也许就是这个因素,他自己也做过一些小型的机动玩具,比如风车,水轮等等。瓦特越是专研,越是好奇,越是有想不完的问题。

我们知道,不管是哪里,家家户户都要烧火烧水做饭,谁都不可能例外。但是不可例外的事情中却往往存在着例外的诱因。一次偶然事情让瓦特对水壶产生了兴趣。家里的火炉上正在烧着一壶水,在水开了的时候,瓦特听到了水壶盖在啪啪啪作响,又看到水壶盖还在不停地往上跳动,开水的热汽顺着壶盖边还嗤嗤地喷出来。瓦特观察好半天,开始时感到很奇怪,不知道这是为什么。

“什么玩艺使壶盖跳动呢?”他问正在做饭的奶奶。

“水煮开了壶就动。”显然,奶奶的回答没能让瓦特满意。

“为什么水煮开了壶盖就会跳动?是什么东西再鼓动它?”瓦特又追问。

“你这小家伙可真是麻烦,这么点就这么啰啰嗦嗦的。我哪知道为什么啊!”老奶奶生气了。

没有得到奶奶的解答,还倒让奶奶吵了几句。瓦特心里反而激起了一定要弄明白的好奇心。

接下来的几天,瓦特就在奶奶做饭的时候,蹲在火炉旁边,认真地观察烧水的过程。开始时,水壶很安静,水壶盖也稳稳当当地盖在上边。隔了一会儿,水要开了,发出嘶嘶的声音。忽然,水壶里有热汽冒了出来,紧跟着水壶盖开始跳动了。热汽不停地往外冒,水壶盖也不住地跳动,就好像水壶里边藏着无数个小人,敲着水壶盖,不断地发出鼓点的声响。

瓦特高兴得几乎叫出声来,他把水壶盖揭开又盖上,盖上又揭开,反复地验证。他还把喝水的水杯盖子,还有小木碗扣在水蒸气喷出的地方。终于,瓦特弄明白了,原来,当水壶里的水烧开沸腾之后,产生的水蒸气推动壶盖在不断地上下跳动。瓦特就想,这家伙真有劲,能把水壶盖顶得直跳,

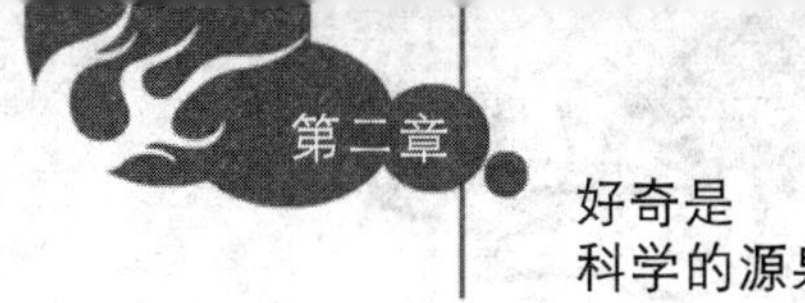

还能不能顶动别的呢？

就在瓦特兴高采烈地围着水壶看，又反复地掀开水壶盖又盖上，一边观察一边试验的时候，老奶奶又说话了：

“你这孩子怎么不听话呢，那水壶有什么好玩的，要是让水壶和那开水烫着怎么办？快给我走开！”

奶奶的好意将瓦特赶到了一边。可是瓦特并没有放弃对水壶里的水蒸气推动水壶盖跳动现象的研究。瓦特在想，一个小小的水壶里的水蒸气就能够推动起水壶盖，那么把一个很大的水壶里的水烧开了，让它沸腾起来，那会不会推动更大更重的东西呢？

瓦特的研究没有白费劲儿，在经过了无数次失败的过程之后，1769年，瓦特终于制造出第一台单动式蒸汽机，并且获得了第一台蒸汽机的专利权。此后，在这种蒸汽机使用的过程中，瓦特又根据使用的情况，在认真研究和改进的基础上，于1782年瓦特又研制成功一种新式双向蒸汽机。正是这种新型的蒸汽机，在后来被广泛地应用在各种机器上。蒸汽机的发明，进一步推动了英国资产阶级工业革命。1788年，英国政府正式授予瓦特制造蒸汽机的专利证书。自1775年起，到1800年，瓦特与他人合建的工厂，苏霍工厂，共制造出183台蒸汽机，被广泛地用在了纺织业、冶金业和采矿业，到了19世纪30年代，蒸汽机的制造推向了全世界。至此，人类社会步入了“蒸汽时代”。

瓦特的好奇心。不仅成就了他的伟大业绩。而且促进了英国社会的发展。也就是蒸汽机的发明和运用，引发了英国的第一次工业革命，不仅仅改变了英国，也改变了世界，引导人类社会步入了工业化时代。

从瓦特的故事中，我们应该得到这样的启示，从小就注重我们对事物的观察，是引导我们从好奇走向研究的一条成长的道路。正是因为好奇，瓦特观察到了水蒸气推动壶盖跳动的物理现象，而这最终成为瓦特发明蒸汽机的源泉，你说不是吗？

逐梦箴言

在瓦特的讣告中，对他发明的蒸汽机有这样的赞颂："它武装了人类，使虚弱无力的双手变得力大无穷，健全了人类的大脑以处理一切难题。它为机械动力在未来创造奇迹打下了坚实的基础，将有助并报偿后代的劳动。"瓦特对世界与生俱来的好奇和观察力，他的创造精神、超人的才能和不懈的钻研，为后人留下了宝贵的精神和物质财富！

知识链接

【工业革命】

又称产业革命，发源于英格兰中部地区，是指资本主义工业化的早期历程，即资本主义生产完成了从工场手工业向机器大工业过渡的阶段。工业革命是以机器取代人力，以大规模工厂化生产取代个体工场手工生产的一场生产与科技革命。由于机器的发明及运用成为了这个时代的标志，因此历史学家称这个时代为"机器时代"。18 世纪中叶，英国人瓦特改良蒸汽机之后，由一系列技术革命引起了从手工劳动向动力机器生产转变的重大飞跃。随后向英国乃至整个欧洲大陆传播，19 世纪传至北美。

轮船上的问答

地中海上万顷碧波,海天一线。一艘名字叫“纳昆达”号的客轮在平静的海面上航行,时间是1921年夏天。客轮的甲板上,一位年轻的学者正在俯身,用简易的光学仪器观测海面。深蓝色的大海让他着迷,让他陷入沉思而不能自拔。

他就是印度加尔各答大学学者,年仅三十三岁的教授拉曼。这是他代表印度的最高学府加尔各答大学,去英国牛津大学参加英联邦大学会议,并且到英国皇家学会发表学术演讲之后,取道地中海乘船回国的旅途中。

对拉曼来说,海水的蓝色却不陌生。他的母校马德拉斯大学就在本加尔海湾,海湾里的海水不断变幻的色彩让他每天都领略大海绚烂。事实上,他早在高中时期,就对著名物理学家瑞利用分子散射中散射光强与波长四次方成反比的定律,对蔚蓝色天空所作的解释已经相当熟悉。

阳光灿烂,微风缓缓吹过海面,深蓝色的大海上闪动着亮片般的颤动。甲板上有许多人在散步,迎着和煦的暖风感受着大自然的怀抱。在散步的人群中,拉曼被一对印度母子的对话吸引住了。

“妈妈,这个大海就是地中海么?”

“是的,这就是地中海!”

“为什么叫地中海呢?”

“因为它的地理位置在两个大陆之间。”

“是吗?”

“是的。它的北部就是欧亚大陆，而南边呢，就是非洲大陆。”

“那它为什么是蓝色的？别的海也是蓝色的吗？”

“是的，别的海也是蓝色的。”

母亲只回答了男孩子的一半问题。可是男孩子却追问下来。

“那为什么是蓝色的，别的颜色不行吗？”

男孩子的母亲被问住了，她真的无法回答孩子的问题。拉曼正在一旁饶有兴味地倾听他们交谈，看到孩子的母亲有些窘迫而又无奈的目光，便把话接了过来。

“啊孩子，一个什么都想知道的小男子汉，让我来告诉你好吗？”

“当然，先生，我很愿意。”

男孩子稚气十足地摆出了一副很绅士的样子回答。

拉曼弯下身子，一边指着甲板之外的大海，一边对男孩子说：

“海水其实和别的水一样，并没有颜色。我们之所以看到的是蓝色，那是因为海水的表面很大很大，它反射了天空的颜色。也就是说，因为天空是蓝色的，所以海水就是蓝色的。”

拉曼的这一解释，其实就是出自我们前面提到的英国物理学家瑞利勋爵。这位以发现惰性气体而闻名于世的大科学家，曾用太阳光被大气分子散射的理论解释过天空的颜色。并由此推断，海水的蓝色是反射了天空的颜色所致。

但是不知为什么，拉曼在告别了客轮上那一对母子之后，总是觉得这种解释有些牵强。那个充满好奇心的“小小的绅士”，那双忽闪着种种疑惑的大眼睛，那些流水般流淌出来的“为什么”，让拉曼深深地感到了一种责任与愧疚。他在问自己：

“既然觉得这种解释有些牵强，为什么还要向孩子这样来解释呢！”

作为一名训练有素的科学家，拉曼发现自己在不知不觉中丢失了男孩子的那种什么都要打破砂锅问到底的好奇心，想到这他觉得自己冒了一头冷汗。要知道一个科学家最最重要的就是不能丢失这种好奇心哪！而失去好奇心是科学发现与发展中最大的忌讳，即使是一个颇有作为的科学家,也会因此而变得闭目塞听,止步不前。

回到加尔各答后,拉曼马上开始研究瑞利的"海水为什么是蓝的"理论,进而发现瑞利的这一理论的实验证据不足,很难令人信服。拉曼决定自己要重新研究。他从光线散射与水分子相互作用入手,运用爱因斯坦等人的涨落理论,获得了光线穿过净水、冰块及其它材料时散射现象的充分数据,证明出水分子对光线的散射使海水显出蓝色的机理,与大气分子散射太阳光而使天空呈现蓝色的机理完全相同。进而又在固体、液体和气体中,分别发现了一种普遍存在的光散射效应。后来,这一效应被人们统称为"拉曼效应",为20世纪初科学界最终接受光的粒子性学说提供了有利的证据。1930年,这个由当年在地中海轮船上那个男孩提出的问题,让拉曼把这一研究推上了更为深刻的理论舞台,使之成为世界公认的拉曼效应,最终让拉曼走上了诺贝尔物理学奖的奖台,成为印度也是亚洲历史上第一个获得此项殊荣的科学家。

这个故事告诉我们,好奇心对于一名科学家的重要性。如果拉曼在他乘坐的那艘纳昆达号客轮上没有碰到那一对母子,或者说那个小绅士一样的男孩子没有那么多为什么的问题,也许拉曼就会与这个诺贝尔物理学奖失之交臂。

问题是一个科学家对未知世界的探索是一种自然的天性。如果拉曼没有遇到这一对母子,那么迟早都会有这样的机缘。作为一名光物理学家,任何一种提示或者巧合,都会导致他的兴趣和好奇心再一次冲击,这才是拉曼成功的关键所在。

我们每个人都有无穷无尽的问题,在科学技术高度发展的今天,我们在享受着科学技术给我们带来的种种好处的时候,仍然还有没完没了的问题等待我们去研究,去开发。比如如何将核聚变的原理应用到实际需要当中去,让地球上的水分子通过核聚变分离为氢和氧进而转化为电能或者其它能源,使我们更加有效地利用这种能源来造福我们人类,那么,我们就不再会为整个地球每天要排放那么多的废气尾气而忧心重重了。那个时候,我们的地球家园将是一个多么清亮的世界啊!

逐梦箴言

拉曼的故事证明“好奇心”对于一名科学家的重要性。如果拉曼没有碰到那一对母子，或者说那个男孩子没有那么多“为什么”，也许拉曼就会与这个诺贝尔物理学奖失之交臂。一个科学家对未知世界的探索是一种自然的天性，作为一名光物理学家，任何一种提示或者巧合，都会导致他的兴趣和好奇心再一次冲击，这才是拉曼成功的关键所在。因此，千万不要忽略你的好奇心，它可能是你迈向成功的第一步！

知识链接

【拉曼效应】

拉曼效应也称拉曼散射，1928 年由印度物理学家拉曼发现，指光波在被散射后频率发生变化的现象。光照射到物质上发生弹性散射和非弹性散射。弹性散射的散射光是与激发光波长相同的成分，非弹性散射的散射光有比激发光波长的和短的成分，统称为拉曼效应。拉曼效应是光子与光学支声子相互作用的结果。

【拉曼光谱】

拉曼光谱是一种散射光谱。拉曼光谱分析法是基于印度科学家 C. V. 拉曼所发现的拉曼散射效应，对与入射光频率不同的散射光谱进行分析以得到分子振动、转动方面信息，并应用于分子结构研究的一种分析方法。

■ 跌落的苹果

三百多年前在一个夏天，一位年轻的学者坐在自家的院子的一棵苹果树下读书。忽然，他的脑袋一晃，感觉被什么东西砸了一下，他伸手摸了摸自己的脑袋，有点疼。也就在这同时，他的眼睛看到了地上的一只苹果。他恍然大悟：

"噢，原来是它砸在我的头上。"

年轻人站起身来，从地上捡起苹果向上抛去，可是苹果依然落了下来。它为什么会砸到我？它为什么不向别的方向飞去，比如向左边或者向右边或者向上飞起？年轻的学者在思考。是的，任何东西，只要把它扔向天空，无论把它扔出多高多远，最后，它都会落到地上来，这个由来已久的现象说明了什么？突然，年轻人的大脑里好像触动了什么，像一束光那么一闪：对了，是不是有什么力量把苹果或者其它的东西拉向地面呢？

对了，这位年轻的学者，就是后来成为人类历史上最伟大，最有影响的科学家，——艾萨克·牛顿。

在被苹果砸过之后，牛顿开始了对自由落体这种现象进行的研究。过了很久，他终于找到了这个问题的答案，并由此推算出一个公式，这就是"万有引力定律"。

1687 年 7 月 5 日，他发表了一篇著作：《自然哲学的数学原理》。在这篇不朽的著作中，他用数学方法阐述了宇宙中最基本的法则，即："万有引力定律"。同时，他还推导出物体运动的"三个基本规律"，即牛顿第一、第

二、第三定律。从万有引力定律到牛顿三个基本定律，构成了物理学的一个统一的科学体系，被认为是人类科学史上的最伟大的成就。为现代工程学的建立奠定了坚实的基础。与此同时，牛顿通过论证开普勒行星运动定律与他的引力理论间的一致性，展示了地面物体与天体的运动都遵循着相同的自然定律；彻底消除了人们对太阳中心说的最后一点疑虑，推动了科学革命。可以说，牛顿为人类社会建立起科学的理性的研究思维，打开了力学研究的大门，为人类社会的进步与发展建立了不朽的功勋。

今天我们讲述他的故事就是要学习他不仅好奇，而且关于思考，勇于探索的精神。

他牛顿的研究成果解释了世界上任何物体都有一种看不见的力吸引着其他物体，重的物体比轻的物体吸引力大，我们生活的地球比地球上的万物都大得多、重得多，所以向上抛的所有物体最终都会落到地上，这就是地球通过万有引力作用的结果。牛顿的这一发现不仅可以解释地球上的物理现象，还可以解释宇宙天体间的现象。在地球之外，还有许多星球，比如太阳、月亮、火星、木星，它们也都是通过万有引力吸引在一起的，所以月亮绕着地球转，地球绕着太阳转。又是这种引力把它们固定在各自的位置上，才使得它们虽然在同一天空下运动，却不会发生碰撞。

牛顿的科学成就可以说是辉煌的。但是并不是说他从小就很优秀。据一些资料记载，中学时代的牛顿并不出众，只是爱好广泛，比如读书，比如好奇心重，还比如喜欢几何学，也琢磨哥白尼的日心说。应该说这些在当时创新意识较浓的学说，对牛顿的影响很大。那个时候他还有一个别人很少坚持下来的习惯，那就是喜欢记读书笔记，并将读书笔记分类整理。当然，爱那个时代的影响，牛顿也喜欢别出心裁地作些小工具、小技巧、小发明、小试验。也就是他的这些爱好，使同样的一些现象，在别人的眼里早已司空见惯，不当作一回事，而他却能却通过自己的研究和思考，得出正确的结论。也就是这个道理，让他从一只坠落的苹果现象中，引发了好奇心，通过研究，进而发现了万有引力的规律。

这个故事让我们看到，一个坠落的苹果给了牛顿这样大的启示，而我们生活中是不是还有比这更饶有兴趣的事呢?

我们每个人的经历和身处的环境不同,但是我们的身边都会出现这样或者那样的现象。在这些现象中,同样存在着许许多多需要我们了解和发现事物,并且从中寻找正确的答案。

然而,并不是每一个人都会及时地发现那些可供人们解析和研究的事物。这本身并无可厚非。原因在于人们的学习研究的方向不同。尤其是科学技术发展到今天,科学界各科各门类被划分得越来越多,越来越细,将每位科学家的研究方向做了相对性的限制。因此除了一定的基础理论之外,各专业的理论几乎并不相关。这就对人们的好奇心和对事物的敏感性有了一定的影响。对于我们青少年来说,我们现在的任务是学习。面这个学习仅仅是一切学习的开始。这也包括我们对新鲜事物的好奇性的学习,对新发生事物的敏感性的培养。

比如人们经常说冬天的冰凌花,这是真的吗?你看到过吗?它是开在冰雪上的吗?它为什么要在冬天开放,它不会被冻死吗?

所有这些都是问题。想要解答吗?那你就要有机会到北方的冬天里去寻找一下,去观察,去研究,去一个一个地寻找答案。当然你也可以到图书馆去查阅资料,在相关的资料中去寻找答案。

对了,如果你将来成为一名植物学家,你在图书馆的资料堆里查找到的资料并不能满足于你的研究,那么你接下来的深入研究,可能就蕴藏着更大的成果和惊人的发现。

牛顿对于万有引力的发现源自于一个从树上坠落的苹果,如果你亲眼看见来自太空的陨石飞落到你的身边,会不会也有新的发现,或者引发新的思索呢?

我想会的。

每个人的好奇心本身就是一种潜在的能力。当你发现自己身边突然有了不一样的事情的时候,也许会忘记了恐惧,忘记了烦恼。这个时候好奇心,便会自然而然地引导你去研究探索那些想要知道的奥秘了。

逐梦箴言

一个苹果的掉落，成就了牛顿“万有引力定律”，这是好奇心的驱使，也是他不断追问不断研究的结果。人人都有好奇心，有的人在瞬间抓住了灵感，然后顺着灵感一路求索，直到挖掘出事情的真谛；而有的人，遇到一点点困难就畏缩不前，或者由于种种原因而失去兴趣，最终与成功失之交臂。记住：成功不是将来才有的，而是从产生好奇心的那一刻起，持续累积而成！

知识链接

【牛顿三大定律】

第一定律（惯性定律）：任何一个物体在不受任何外力或受到的力平衡时，总保持匀速直线运动或静止状态，直到有作用在它上面的外力迫使它改变这种状态为止。

第二定律（加速度定律）：物体的加速度跟物体所受的合外力成正比，跟物体的质量成反比，加速度的方向跟合外力的方向相同。

牛顿第三定律（作用力和反作用力定律）：两个物体之间的作用力和反作用力，在同一直线上，大小相等，方向相反。

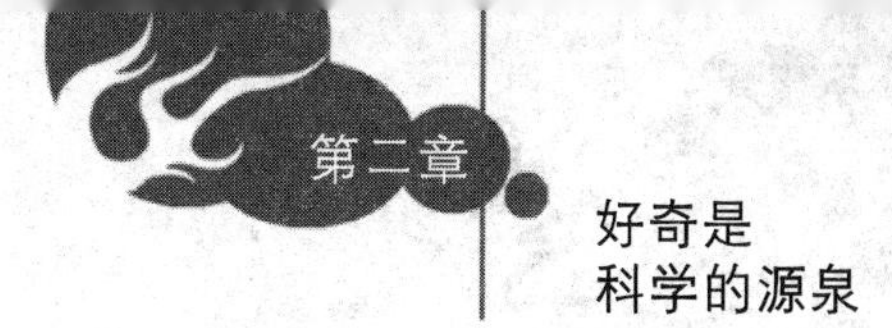

晒太阳的懒猫带来的启示

尼里斯·劳津,丹麦的医生,一位诺贝尔医学奖的获得者。

如果说一位医生能获得诺贝尔奖,起码他应该是一位医学界的大科学家吧？其实不然,一位优秀的医生真的未必就是科学家。因为从医生到科学家,的确要有很长的路要走,而且还要看你是否有敏锐的观察力和锲而不舍的追求。当然,有的时候还需要一种机缘或者说是巧合。对于劳津医生来说,更重要的是,他首先具备了这种敏锐的观察力,并且同样具备了科学知识储备和深入研究的能力。因此在一次看似机缘或者说是巧合的小事发生时,挑动起他的好奇心,为他的研究提供了素材和方向。

那是一个午后时分,劳津医生独自在书房读书。秋日的阳光从窗外投射进来洒在书桌上,自有几分惬意。可是书看久了,毕竟有些疲倦,他放下书站直身来,走到窗前,想放松放松身体,缓解一下疲劳。院子里那棵优雅的云杉树正在把自己的影子铺在院子里那片空地上。一只懒猫在树影一边,懒散地躺在地上晒太阳。

“真是有趣！”劳津医生想。

太阳光一点一点地移动,树影儿也跟着一点点地移动,眼看着那树影要挡住猫的身体了,那只懒猫马上也挪动一下身子。就这样,随着树影的移动,那懒猫也跟着移动,始终让太阳光照在自己的身上。

这是为什么呢？那只猫追逐阳光晒身子的行为,引起了劳津医生的好奇。这个时候天气还不算太冷,难道猫们就这么喜欢晒太阳？劳津医生走

到院子里，他要弄个明白。他索性蹲在猫的身边，仔细地观察起来。果然，他在这只猫的身上找到了答案，他完全明白了，原来这只猫身上受了伤，这个伤口正在流脓。而这个流脓的伤口，恰好就在阳光的照射之下。在后来的几天里，这只猫每天都是这样，躺在院子里，让太阳直接晒到它的伤口上。几天过后，这只猫身上的伤口就痊愈了。

做为一名医生，劳津医生把他看到的猫用阳光治疗伤口的现象，很自然地联想到了阳光对人的外伤治疗。太阳光既然可以促使猫的伤口尽早愈合，也一定会帮助人治疗外创伤口。劳津医生带着这个假设进行研究，在做了大量实验的基础上，他认真记录和分析，最终找到并证明了阳光对动物生理的作用。他将这一研究成果著述为《光对人体的生理作用》等论文，为此，他获得了世界医学科学的最高荣誉——诺贝尔医学奖。

我们知道，猫晒太阳是一件再正常不过的事情了，几乎没有哪只小猫不喜欢晒太阳，更没有人会对一只猫如何的晒太阳感兴趣。可是到了劳津医生的眼里，猫晒太阳却成就了他的一项重大的发现。我们不能不说，劳津医生的那份特别的好奇心成全了他的研究事业。正是这种好奇心，让人们在日常生活中看到许多不可思议的现象，也就是这些现象，让人们反复地，不断地提出为什么？

为什么总是最先看到那高高竖起的桅杆，而后才一点点看见船身？哥白尼站在浪花翻滚的海岸，凝视着缓缓地出现在海平线上出海归来的帆船，他在问：为什么？

比萨教堂里，随风摆动的屋顶吊灯，风大的时候，晃动的距离就大，风小的时候，晃动的距离就小，每次晃动的时间又都一样。伽利略在问：为什么？

魏格纳无聊中看看世界地图，却发现了大西洋两岸的轮廓非常相似。欧洲和非洲的西海岸遥对北南美洲的东海岸，这边大陆的凸出部分正好能和另一边大陆的凹进部分合并起来；如果从地图上把这两块大陆剪下来，再拼在一起，就能拼凑成一个大致上吻合的整体。把南美洲跟非洲的轮廓比较一下，更可以清楚地看出这一点：大西洋南部的巴西的凸出部分，正好

可以嵌入非洲西海岸几内亚湾的凹进部分。他在问:为什么?

就是这许许多多的科学的提问,为什么?让那些追求真相的人们,不知疲倦地在科学研究的道路上前进。

逐梦箴言

“好奇心是学者的第一美德。”尼里斯·劳津的“太阳”,哥白尼的“帆船”,伽利略的“吊灯”,魏格纳的“地图”,都是生活中平常的事物,却在瞬间给充满好奇的头脑以撞击:为什么?因为善于观察才会善于思索,因为想得到答案,所以才会孜孜不倦地探究。好奇心是智慧富有活力的最持久、最可靠的特征之一,只要你愿意——你也能!

知识链接

【诺贝尔生理学或医学奖】

是根据已故的瑞典化学家阿尔弗雷德·诺贝尔的遗嘱而设立的,目的在于表彰前一年世界上在生理学或者医学领域有重要的发现或发明的人。该奖项于 1901 年首次颁发,由瑞典首都斯德哥尔摩的医科大学卡罗琳学院负责评选,颁奖仪式于每年 12 月 10 日(诺贝尔逝世的纪念日)举行。

■ 说话的石头

你可能觉得这是个童话，不然石头怎么能会说话呢。你说得没错，可以当做童话来听。

有一个小男孩儿，从小就养成了勤劳的习惯。常常帮着妈妈打柴，舂米、推磨、扫地、提水、放羊、割草等，几乎样样事情都能干。到五岁的时候，他开始跟一位老先生启蒙，六岁转到父亲的私塾里，随父亲念书。他学习的时候，刻苦认真，勤奋用功。每天从早到晚，朗读、背诵、练字、作文忙个不停。他不贪玩，老师不在的时候，依然能独自学习，而不像别的孩子一样，爬桌子，踩凳子，闹翻了天。他还有个特点，那就是爱动脑筋，想问题。

他们家所住的村子村头有一块特别大的石头，孤零零地立在草地上。有的时，小男孩儿也和小伙伴们一起玩捉迷藏，每次他都喜欢藏在这块特别大的石头的后面。听到小伙伴的脚步声，他就悄悄围着大石头躲闪。这块大石头能把他的身影遮得严严实实的，小伙伴围着石头转来转去，也找不到他。时间长了，他对这块大石头发生了兴趣：这么大的一块石头，是从哪儿来的呢？

小男孩儿跑去问老师，老师想了想，说："这块石头恐怕有几百年的历史了，我爷爷说他小的时候它就在那儿了。

"那么到底是谁把它放在哪儿的呢？"

"听说有时候天上会掉下来石头，也许这块石头就是从天上掉下来的吧！"

“这么一块大石头从天上掉下来，那得多大的力量啊，肯定能把草地砸一个很深很深的大坑，可是它没有砸进地里，也没有坑啊？”

“啊，这个我可就说不准了为什么了。”

小男孩儿又跑去问父亲，父亲也没说清楚石头到底是从哪来的，只是说这石头原来就在哪儿，没人知道是怎么来的。

这块突兀的大石头孤零零呆在这里，周围则是平展而空旷的土地，没有任何一块大小石头。

到底是怎么回事？为什么只有它这一块石头？就是有一块鹅卵石也行啊，可是没有，究竟为什么呢？这个问题让小男孩伤透了脑筋。

许多年以后，小男孩儿长大了。

小男孩儿长大以后，留学到英国，学习了地质学。在那里，他学习到了冰川可以推动巨大的石头旅行几百里甚至上千里的理论。他联想到了家乡的那块大石头，会不会也是被冰川推到了那里去的呢？

曾经的小男孩儿学成后回国了，他没有忘记家乡的那块大石头。他又回到了家乡，经过进一步的考察，他发现在长江流域有大量第四纪冰川活动的遗迹。他又专门考察了这块大石头。终于这块石头用痕迹说话了，证实了这块大石头本身就是冰川的浮砾，是第四纪冰川期被冰川从遥远的秦岭推到这里来的。他的这一研究成果，震惊了全世界，纠正了国外学者断定中国没有第四纪冰川的错误理论。

或许你猜到了，这个小男孩儿就是我国最杰出的地质学家李四光，是地质力学的创造者和新中国地质事业的开拓者与奠基人。他以独到的学术见解创立的地质力学，不仅圆满地解决了各种地质构造形式的形成机制，而且成功地指导了找矿工作。根据他的理论，我国相继发现了大庆油田、胜利油田、大港油田等重要油田，为祖国的社会主义建设做出了卓越贡献。在国际上他也享有很高的声誉。

李四光对大石头的好奇，最终纠正了一个错误的论断，证明了好奇带给一位科学家的也许是一个机遇，也许就是一次成功。一如我们本章的标题：好奇是科学的源泉。这句话并非是信口一说，而是我们对科学研究的

一种归纳和总结。我们可以仔细地想一想，哪一项科学研究不是从好奇而来的呢！

哥白尼听说可以用太阳的影子来确定时间。他很好奇，就找到了老师。老师说有一种叫做日晷的仪器，可以利用阳光照射的角度来测定时间。于是他向老师请教，并得到了日晷的工作原理。回到家里，他找了些废旧材料，自己做出来一台日晷，并且利用自己制作的日冕观测研究太阳和地球的运动规律。在之后的若干年里，哥白尼正是根据他长时间的观测和研究，推翻了过去一直认为是太阳绕地球转“地心说”的错误理论，证明了地球围绕太阳运行科学论断，确定了“日心说”的理论。

可以这样说，如果没有哥白尼对太阳与时间关系的好奇，那么“地心说”的理论说不定还要延后多少年才会被推翻。

瓦特如果不是好奇，不是对水壶里的水蒸气产生兴趣，不知道蒸汽机还要等多久才会被发明，那么这个世界的工业化时代还要延后多少年才能到来呢？

如果牛顿被苹果砸到脑袋之后，生气地将苹果捡起来吃掉，或者扔出很远，怎么会想到引力的作用，又怎么可能发现了万有引力定律呢？是的，那只坠落的苹果，砸出了牛顿的好奇心。

同样的道理，如果劳津医生站在窗前看到那只晒太阳的懒猫时，只是一瞥，而是抬望眼仰望蓝蓝的天，飘浮的云，那么他就与诺贝尔医学奖失之交臂了。不是吗？劳津医生的好奇心让他戴上了诺贝尔医学奖的桂冠。

几乎每一个科学家的传说都可以告诉我们，他们的一生是充满了对大自然奥秘好奇的一生，正是这种好奇心引导他们一步步攀登科学的高峰。

但是，我们必须要明白一个道理，那就是儿童时代的好奇心是自发幼稚的，自发幼稚的好奇心是不会长久的。“纯真的好奇心的火光渐渐熄灭。”这是爱因斯坦说过的话。对于我们来说，保持好奇心是我们成为科学家的必修课之一。因为一般人的好奇心如电光石火，瞬息即逝。而科学家一旦被激起好奇心，它所点燃的是思维火焰，不到问题的彻底解决是不会熄灭的。

应该明确的是，科学家的好奇心是对新事物的敏感与探求。它是以大量原有经验和知识为基础的。这就需要我们首先要完成自己的基础学习，绝不仅仅是从小学到高中阶段的学习，同时在大学的学习也只是在完成自己的基础学习。只有掌握了相应的科学理论基础上，才是走上科学家道路的开端。

逐梦箴言

“大自然把人们困在黑暗之中，迫使人们永远向往光明。”从贫困中走来的李四光并没有被贫困吓倒，而是对石头产生无比的好奇，让他首创了地质力学，成为中国著名的地质学家，他的著名事迹也被翻拍成电影，激励一代又一代人。回顾以上科学家们的成功经历，好奇心是他们的共同特征，排除万难、坚持不懈、追求真理，又是他们的共同理想。好奇心萌发的时候，也就是离成功不远的时候——你一定要抓住！

知识链接

【地质力学】

运用力学原理研究地壳构造和地壳运动规律及其起因，是李四光创立的地质学的一门分支学科。1926 年和 1928 年李四光发表的《地球表面形象变迁之主因》及《晚古生代以后海水进退规程》等，从理论上探讨自水圈运动到岩石圈变形，自大陆运动到构造形迹等问题，1929 年提出构造体系这一重要概念，建立了一系列构造体系类型。李四光把地球自动调节自转速度变化的作用称为“大陆车阀作用”，因而把这一假说称为“大陆车阀假说”。

智慧心语

古往今来人们的探索，都应起源于对自然万物的惊异。

——亚里士多德

好奇心是智慧富有活力的最持久、最可靠的特征之一。

——塞缪尔·约翰逊

好奇心是学习者的第一美德。

——居里夫人

在新的科学宫里，胜利属于新型的勇敢的人，他们有大胆的科学幻想，心里燃烧着探求新事物的热情。

——阿·费尔斯曼

如果没有好奇心和纯粹的求知欲为动力，就不可能产生那些对人类和社会具有巨大价值的发明创造。

——陆登庭

第三章

学习是基础

导读

学习是基础，这个话题可以称之为老生常谈，用一句调侃的话说："地球人都知道。"因为一切知识的来源都在于学习。我们生活中的一切手段无一不是通过学习而取得的。而前面的学习又是后面实践的基础，并在实践的基础上，开始新的学习。

牛顿

■ 打下坚实的基础

我们每个人知道的事情很多,可是知道得很多事情却未必去做,或者说未必做得到。就像学习,几乎每个人从懂事开始就知道要学习,所有人已经在不知不觉中开始了学习。然而,学得怎么样? 或者能不能有选择地学习? 或者怎么样学习? 这些问题很少有人去想,去计划,去安排,这就导致了几种情况出现。一种是成长中的自然而然的学习, 这是人的一种本能。从生下来开始,就模仿身边的人和事,为的是生存下来,当然也有好奇的成分,但更主要的还是出于生存的本能。另一种学习虽然是身边抚养人的教育,而更多的仍然是自然性教育。比如教孩子如何懂得礼貌啊,如何认得家中物件呀! 第三种学习就是在孩子的认知能力发展到一定程度之后的社会性教育。

进入社会性教育之后,也会出现几种情况。一种是认知能力强,学习吸收得快。这说明这样的孩子智商很高,并有着较好的学习氛围。另一种情况就是学不进去,除了智商的因素之外,学习氛围和环境因素也成了制约的原因。

其实我们在前面已经讲过,人在一出生时,智力水平差不多少。但是出生之后,在孩子成长的过程中,由于受到各个方面因素的影响,才导致了智力发展的差异。这本来就是一个很正常的现象。问题是在接续下来的教育中,人们无意之中(特别是大人)带给孩子的心理暗示,将直接影响到孩子的学习能力的发掘。这个绝对不是危言耸听。如果一个孩子总是能听到来自大人们的议论,说他如何如何地笨,学不进去,那么这个孩子就基本在学习上没什么进展了。因为他对自己越来越丧失信心,越来越相信自己无能,进而自暴自弃。我们用一个故事来说明这种心理暗示给孩子的成

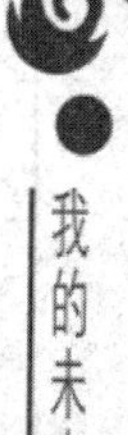

长带来的结果。

有一对孪生兄弟，从生下来就长得一模一样。小哥俩一块吃奶，一块睡觉，一块玩耍，甚至一块哭闹。根本就看不出哪个比哪个更聪明，哪个比哪个更好奇，都一样。除了妈妈之外，连爸爸都认不准哪个是哥哥哪个是弟弟。为了准确地让爸爸辨认他们，妈妈在哥哥的衣服上绣上了一支宝剑，在弟弟的衣服上绣上了一把宝刀。渐渐地，他们开始懂事了，上了幼儿园。他们的故事也就从幼儿园开始了。

一天傍晚，爸爸来幼儿园接小哥俩。幼儿园阿姨告诉爸爸，说衣服上绣着宝刀的弟弟淘气，把哥哥身上的衣服换了。因为他把玩具火车弄坏了，怕阿姨批评他。阿姨将这件事告诉爸爸的的意思是说，弟弟很机灵。

爸爸回家后，将幼儿园阿姨说的这件事告诉了妈妈。妈妈把俩个孩子拉到身边仔细地看了看，发现哥哥的衣服的确是穿到了弟弟的身上。妈妈告诉弟弟，说这样不好，自己做错了事情就应该自己承担。这件事本来没什么值得关注的，可是做为父母的爸爸妈妈从此观察起两个儿子的行为来。不知不觉，他们觉得弟弟真的比哥哥机灵得多。所以也不管有没有外人，经常批评哥哥，应该向弟弟学习，机灵一点。可是怎么批评，哥哥真的就是没有弟弟聪明好学。不仅如此，就连哥哥也承认，自己就是没有弟弟聪明。或许做为父母，他们到现在也不明白，为什么哥哥最后还是没有弟弟机灵，以至于弟弟后来考上了大学，哥哥连高中都没读完。或者他们不愿意承认，就是因为他们对哥哥的经常批评，导致了哥哥的产生了严重的自卑心理，觉得自己就是没弟弟那么优秀，那么聪明。进而在弟弟面前丧失了自信心，在爸爸妈妈面前丧失了优越感，在行为上自暴自弃。其实这个故事不是个案，许多孪生兄弟，一个成为贤才，而另一个成为庸才的现象比比皆是。究其原因在于，孩子在很小的时候，长期受到大人们不经意的心理暗示。

与此同时，这个故事再次提醒我们：每个正常的孩子，他们最初的智力水平是相近的，没有多大的差异。因而更重要的是如何培养孩子们的学习意识，提高他们的学习兴趣，为他们打下坚实的学习基础，为他们的未来，储备知识的能量。这就需要我们让孩子们懂得学习的重要性，特别是要成为科学家，如何像科学家小时候那样地学习。

■ 玛丽·居里的学习

玛丽·居里出生在波兰的华沙。那个时候,她们家不是很富余的家庭。她的爸爸妈妈都是普通教师,虽有收入但家庭人口比较多。她是爸爸妈妈五个孩子中最小的一个。她妈妈身体不好,在她很小的时候就患上了严重的传染病,没办法,她只有依赖大姐的照顾。然而,在她十岁之前,妈妈和大姐因病先后去世了。在后来的日子里,她的生活充满了艰难。小小的她不得不面对日常生活中出现的一些问题,学着照顾自己。就这样,她逐渐地成为自己生活的主人,在培养了自己独立生活能力的同时,也磨炼出了坚韧的品格。

也许是受到了父母的影响,小玛丽从小喜欢读书,如果遇上自己真喜欢的书,她会反复地读。在学习上,她也非常勤奋,似乎这些已经成了她的最爱。从上小学开始,她每门功课都考第一。15 岁中学毕业,以优异的成绩获得了金奖章。

可是,虽然她的学习成绩优秀,却因为家里的贫困,让她没法子接着去读大学。她失学了。然而失学并没有让她放弃学习,她选择了自学。

玛丽·居里的家庭虽然贫困,可是学问并不少。她的父亲早在圣彼得堡大学学习的时候,专门攻读物理学。父亲的那种对科学知识孜孜不倦的学习态度和强烈的探索精神,深深地感染着她,带动了她的刻苦专研学习的劲头。使她从小就迷恋父亲的实验室里那些实验仪器。在逐渐长大的日子里,她不仅阅读了父亲的许多书籍,还找来大量的自然科学方面的书

籍阅读，这让她的大脑里充满对自然界的想象和欲望。她渴望走进科学世界里去探索大自然的各种奥秘。

因为她在自学中，掌握了大量的文化和科学知识，受到了许多人的称赞。一些人士相信她的能力，开始把自己的孩子交给她，让她教授，而且逐渐地有了很好的声誉。从她 19 岁开始，就长期的做家庭教师了。在这同时，她又自修了几门功课。就这样，直到 24 岁时，她才攒够了学习的费用，终于又走进了失学已久的校园，来到了巴黎大学开始了新的学习。可以想象，她这个年龄进入大学学习，其求知的欲望是何等的强烈。所以她进入大学之后，把全部的精力投入到学习之中，每一堂课她都是那么认真地听讲，那么认真地记下笔记。虽然她因为如此刻苦学习，而造成了身弱多病，可是但是她的学习成绩却是最好的。这不仅使同学们赞佩，也让任教的教授们感到惊奇。两年之后，玛丽参加了物理学学士学位考试，并且以第一名的成绩，拿到了物理学学士学位。紧接着第二年，她又以第二名的成绩，拿到了数学学士学位。

1894 年初，玛丽接受了法国国家实业促进委员会提出的关于各种钢铁的磁性科研项目。在这期间，玛丽结识了理化学校教师，一位很有成就的青年科学家，比埃尔·居里。因为志同道合的理想和愿望，他们结合了。玛丽结婚后，人们都尊敬地称呼她居里夫人。1896 年，居里夫人以第一名的成绩，完成了大学毕业生的任职考试。第二年，她又完成了关于各种钢铁的磁性研究。但是，她不满足已取得的成绩，决心考博士，并确定了自己的研究方向。站到了一条新的起跑线上。

居里夫人勤奋好学的故事其实好多，从中可以得出一个结论，就是无论要学什么，都要专心，不受其它的事务干扰。如果说这是一种潜质的话，那么她从小就与众不同。

那个时候她们的家住在波兰，就是这个当时还叫玛丽的小姑娘。她不同于其他伙伴的地方，就是学习非常专心。不管周围怎么吵闹，都分散不了她的注意力。一次，玛丽在做功课，她姐姐和同学在她面前唱歌、跳舞、做游戏。玛丽就像没看见一样，在一旁专心地看书。

姐姐和同学想试探她一下。她们悄悄地在玛丽身后搭起几张凳子，只要玛丽一动，凳子就会倒下来。时间一分一秒地过去了，玛丽读完了一本书，凳子仍然竖在那儿。

从此，姐姐和同学再也不逗她了，而且像玛丽一样专心读书，认真学习。

这则故事告诉我们，只有认真学习的人，才能拥有丰富的科学知识。只有掌握了丰富的科学知识，并以此为基础，才有可能成为造福于人类的科学家。如果居里夫人没有从小时候就开始的刻苦学习，就她家的经济条件，她是绝对没有机会到了24岁时才去大学学习，或许早已嫁人了。这么说话不是我们庸俗，而是一般女孩子的生长规律。谁也不能否认那些碌碌无为者，无论是男女，到了一定的年龄就会忙着寻找爱情了。

当然，我们没有理由去嘲笑那些追求爱情的少男少女们。在青春年少，花样年华的季节，追逐生活的幸福和罗曼蒂克的情怀本来就无可厚非，这也是人之常情。

但是我们经过研究后发现，大多成名的科学家，他们成家的时间相对都比较晚。难道他们不想追求幸福？难道他们不想在爱的港湾中徜徉？当然不是。然而对科学研究的向往，对科学真理的追求，让他们把为自己奠定科学知识的基础放在了第一位。说到这里，我们不能不赞美他们的理性，不能不为他们的为科学奉献青春的精神而鼓掌。是的，对于一位追求科学与真理的年轻人来说，青春的美丽来源于对科学的奉献和对科学知识的储备。

居里夫人就是这样的人。尽管她的家庭经济条件不允许她直接考入大学学习，可是她在为别人做家庭教师的时候，克服各种困难坚持自学，为自己后来进入巴黎大学理学院学习奠定基础。正是因为她有了这样的学习基础，才使她在大学里仅仅用了两年的时间，就考取了物理学学士学位，而于次年，又考取了数学学士学位。也正是她的这种刻苦的学习精神，使她最终成为全世界科学界里最为令人敬仰的科学家之一。

逐梦箴言

每个人在成长的过程中都会遇到难关，这个难关有时候是在童年，有的是在青少年，或者它出现在中老年时期。不管怎样，只要我们选择坚强，挺过难关，一定会迎来美好的未来，或迟或晚。

知识链接

居里夫人的丈夫

居里夫人的丈夫叫皮埃尔·居里 (Pierre Curie) (1859—1906)，是法国著名的物理学家、“居里定律”的发现者，1859 年 5 月 15 日出生于法国巴黎，他是医生尤金·居里博士的次子。他从小聪明伶俐，喜欢独立思考，又富于想象力，天资出众，爱好自然。1900 年，皮埃尔被任命为巴黎大学理学院教授，1904 年该院又为他设立了讲座。1903 年，居里夫妇与放射性的发现者贝克勒耳共同获得了诺贝尔物理学奖。

1906 年 4 月 19 日不幸在街上被马车撞倒后当场死亡。

■ 一个和狂风比试的疯孩子

那场暴风雨来袭，整个小镇在狂风里飘摇。高大的树冠发疯一样地摇晃着脑袋，房顶上的铁棚在嘎吧作响，满大街飞扬着迷人眼睛的灰尘。往常在大街上奔跑玩耍的孩子们纷纷地躲进了自己的家里，我们的小主人公也跑回了家。与别人家的孩子不同的是，他被这狂风吸引了。他要试一试这大风有多大的力量，能不能让他飞起来。他在爸爸的房间里翻出了爸爸的斗篷披在了身上，然后来到房子的后院。这里很宽敞，有足够他奔跑的地方。只见他撑开斗篷，迎风跑一会儿，又顺风跑一会儿。索性站到略高一点的地方，从上往下，敞开斗篷跳跃，认准起落点，仔细量距离，看看自己能飞出多远。谁都知道，在狂风中那样的跑跳，随时都可能被暴躁的风力和风速将他抱起来摔向一旁。可是似乎只有他自己不知道这样跑很危险，好像什么都不在乎，还是像个疯孩子那样在狂风中奔来跑去。

那年，他才十五岁。

没错，我们说的就是牛顿。

其实少年时代的牛顿，并没有显示出他那引人注目的科学天才。相反，他跟普通人一样，从小学到中学，倒是过得轻松愉快。

如果说牛顿和别的孩子有什么不同的话，那就是他的动手能力相当强。他做过会活动的水车；做过能测出准确时间的水钟；还做过一种水车风车联动装置，它使风车可以在无风时借助水力驱动。

牛顿在上大学之前，学习成绩在他们中学里是很优秀的。可是他考上

了剑桥大学之后，他发现自己的学习成绩却明显地低于别人，特别是数学的差距更大。他当然知道这是剑桥大学的高质量生源带来的现象，对此他并不气馁，相反倒认为自己选准了学校，他觉得在这样的学校里读书倒是自己的动力。所以在学习中，他还是像少年时期那样，喜欢思考问题，寻找问题的答案。不懂的地方就向人求教，直到真正地理解，全部消化为止。就这样踏踏实实地学习，在大学的头两年里，除了必修课之外，还认真学习了欧几里得《几何原本》，弥补了过去的不足。不仅如此，他利用空余时间，又研读了笛卡儿的《几何学》，熟练地掌握了坐标法。正是这些基础的数理知识，为他后来的科学研究打下了坚实的理论基础。

一六六五年，牛顿从剑桥大学毕业了。他的研究也有了成果。他把母亲和弟弟妹妹叫到自己房间里来。然后把门关上，把窗子用被子挡了起来，只留下了一个小孔。黑漆漆的房间里，这时只有从窗帘上留下的那个小孔中，透出的一点阳光照在墙上。墙上出现了一个白色的光点。牛顿拿出一个自制的三棱镜，放在光线入口处，让光线折射到对面墙上，这时，墙上的光点附近，出现了一条七色的彩带。就如同雨后天空的彩虹一样，红、橙、黄、绿、青、蓝、紫绚丽而灿烂。接着，牛顿又用第二个三棱镜把七种单色光合成白光。让自己的亲人们一起分享了人工复现的自然景象的喜悦。也就是他分解白光的实验，宣告了光谱学的诞生。

牛顿在探索光色之谜的同时，还在探索引力之谜。前面我们讲过，他从苹果从树上掉了下来的事实发现万有引力定律，而且从数学上论证了万有引力定律，并且把力学确立为完整、严密、系统的学科。他在概括和总结前人研究成果的基础上，通过自己的观察和实验，提出了“运动三定律”。这三条定律和万有引力定律共同构成了宏伟壮丽的力学大厦的主要支柱。这座力学大厦是近代天文学和力学发展的基地，是机械、建筑等工程技术发展的基础学科，也是机械唯物论统治自然科学领域的基地。在理论上构造了力学大厦。

牛顿的故事很多，但是这则故事牛顿在科学研究方面的一个基本脉络。从小时候的好奇，善于动脑去思考，善于动手去实践，从设想到设计，又从设计到实做，每一个节点都是一次创造，每一次实践都是一次创新，从而为

他进一步的学习和研究奠定新的基础。

科学研究是严谨的学问,没有一定的学识含量和专业知识是不可能进行下去的。牛顿的成功在于他读大学之前,就是学校的优等生。可以肯定的是,各科的学习成绩在那所中学里都是名列前茅,这一点毋庸置疑。而在考入牛津大学之后,虽然在众多的学生中,相比之下他暂时性的未能成为位列前排的佼佼者。但是他下定决心脚踏实地地刻苦学习,把后缺失的部分在后续的努力中追补回来,为之后的科学研究打下了坚实的理论基础。至于他后来为什么成为大科学家,我想大家都知道是什么原因。而最主要的,就是他在学生时代,通过勤奋、好学、刻苦、认真学习而得到的扎实的科学基础知识。没有这些,他后来根本不可能取得那样的,可以称得上推动世界科学技术发展的研究成果。

牛顿的成功,取决于他不懈的努力和坚实而丰厚的科学知识做后盾。可以说这也是所有科学家们成功的途径。而所有这些基础知识,也都来源于他们的学生时代,那种对待学习的认真与刻苦。

其实在我们身边,这样的例子也是比比皆是。

我听到朋友讲过这样一件事情。他的一个生活在农村的亲属家的孩子,在他们那个村里的小学里学习最用功,最好。可是考进了乡里的初中之后,他的成绩在同学们中间只能算做是平平。大家都说这孩子争气。虽然刚上初中时成绩并不拔尖,可是只用了一个学期,他的成绩又成为班级的第一。三年后,这孩子又以高分考进了县里的重点高中。有意思的是,这次拿他的考分和班级里的其他同学比较,还是个中等成绩。县城里的孩子在吃穿和用度上肯定比他这个农村来的孩子要时髦得多,所以有些同学看不起这个农村来的小土包子。可是这个孩子真的很争气,从来不与那些同学计较,只是用心学习。也是只用了一个学期,就把学习成绩赶了上来。当期末考试的成绩出来之后,许多同学都不相信,更有的同学说他是抄的。班里几个一起从乡下考入的同学为他抱不平,他还劝这几个同学,说咱没必要和他们计较,只要咱们考的是真实的成绩,他们爱说啥都没关系,事实最终还是会证明咱们可以学得很好。果然,第二个学期的期中考试,他又

以班级第一年级第二的成绩回答了那些对他有怀疑的同学。而且不仅是他个人，那几个乡下来的同学，在他的带动下，都考出了很好的成绩。又是三年，这个孩子以全县第一的成绩，考进了北京大学。

我的那位朋友说，别管是老师还是同学都说他聪明，可是他爹说"这孩子几乎所有的寒暑假都是在家学习。"

从这个事例中，可以证明，一个人再聪明，也要有后天的努力跟随才能取得良好的成果。反之，一个人不够聪明，但只要他肯下功夫，努力学习，同样可以得到很好的效果。

逐梦箴言

你必须非常努力，才能看起来毫不费力。我们经常羡慕别人的成就，认为他幸运、智商高等等，其实不管幸运也好，智商高也罢，真正的成功都是需要付出汗水的。

知识链接

剑桥大学

剑桥大学(University of Cambridge)成立于 1209 年，最早是由一批为躲避殴斗而从牛津大学逃离出来的学者建立的。亨利三世国王在 1231 年授予剑桥教学垄断权。是世界十大学府之一，81 位诺贝尔奖得主出自此校。剑桥大学还是英国的名校联盟"罗素集团"和欧洲的大学联盟科英布拉集团的成员。现任校长是艾利森·理查德。 剑桥大学所处的剑桥 (Cambridge)是一个拥有 10 万居民的英格兰小镇，距英国首都伦敦不到 100 千米，这个小镇有一条河流穿过，被命名为"剑河"(River Cam，也译作"康河")，早在公元前 43 年，古罗马士兵就驻扎在剑河边，后来还在剑河上建起了一座大桥，这样，河名和桥加在一起，就构成了剑桥这一地名。

■ 记录闪电与雷声的实验

有这么哥俩，弟弟喜欢思考，喜欢动手，更要命的是，他还喜欢自己搞什么实验。在一个假期里，他和哥哥一同去旅游。他找来一匹跛马，让哥哥牵着，自己却悄悄躲在后面，用伏打电池将电流通到马身上，想要试验动物对电流的反应。结果，跛马受到电击狂跳起来，哥哥也差点受了伤。

这还不算，他和哥哥来到群山环抱的湖里划船玩。面对空旷的湖面和山谷，只要冲着青山大叫一声，都会传来哇哇的回声。那么如果有一支枪声呢，那会有多大的回声啊？他脑袋里面琢磨着，就动手在枪口里塞入大量的火药，然后端起枪冲着湖面就开了火。只听"砰"的一声枪响，枪管里"呼"地蹿出一股长长的火焰，外泄的烟火直接撩到了他的眉毛。他哥哥吓得在船上一晃，差点掉到湖水里。

后来还有一次，他和哥哥一起登山。当登上山顶时，只见远处乌云低垂，还隐隐约约看到了闪电，然后要稍等一会儿才听到轰隆轰隆的雷声。为什么要等一段时间呢？他掏出怀表，把从闪电开始到听到雷声的时间记了下来。

开学后，他把自己做的试验都告诉了老师。老师笑了。老师说："这些实验中，只有最后一次你做对了。"老师说："光的速度和声的速度不同，如果人们掌握了光的速度和声的速度，就可以从看到闪电到听到雷声的时间，计算出发生打雷的地方到你站立的地方有多远的距离。"

这个弟弟后来成为了一名很伟大的科学家，他叫詹姆斯·焦耳。

焦耳没进过学校，从小就跟着爸爸酿酒。可是他天资聪明，喜欢读书，常常是一边劳动一边读书认字。正是因为焦耳的好学精神感动了父亲，让父亲觉得应该让孩子学到更多的知识，所以父亲才带着焦耳和哥哥来到科学家道尔顿先生的家里。

就在一个早晨，那位酿酒作坊的老板领着他的儿子，叩响了当时就很有名气的科学家道尔顿先生家的大门，说他的儿子脑袋很灵活，说如果有道尔顿培养，一定能成为和道尔顿先生一样的很有学问的绅士。他恳求道尔顿先生收下他的儿子做学生，教授他学习那些学问。

道尔顿先生随即就和焦耳交流了几句，感觉到了焦耳的聪明，就答应下来。

道尔顿先生是位严格的老师。开始，他并没有给孩子们讲授物理和化学的原理，而是讲了许多高深的数学知识。这让焦耳觉得枯燥。

“讲这些数学有什么用啊？若能讲讲那些有趣的实验该多好！”焦耳常常这么想。

也就是这个原因，所以在假期来到之后，他和哥哥出去游玩，就发生了我们前面讲的那些，近似恶作剧一样的实验。

道尔顿先生讲的闪电和声音的道理，焦耳听了很惊异：“难道干干巴巴的数学中还藏着这么多学问？”道尔顿先生又举了许多例子，最后说：“真正的科学实验不只是观察现象，它还须要有精密的测量。而这些，都是以数学知识为基础的。没有这些知识，你测量的数据也无法计算。”

焦耳感觉心里豁然开朗，一下子明白了为什么老师先是从数学开始教他。从那时开始，焦耳把数学当做最重要的课程认真对待，为他后来的科学研究打下了很好的基础。

这则故事告诉我们，在学习知识的时候，不能只考虑自己的兴趣，也要充分考虑每一门知识对自己未来的可能影响。尤其是数学，这是一切自然科学的基础，打好了这一基础，知识的大厦才会牢固。即使是最原始的认识也离不开数学。比如原始社会结绳记事，还有距离的计算说多少步远。社会发展到今天，数学更是与我们息息相关，最直接的就是计算。距离：米、

千米；速度：千米/每小时。速度与距离的混合计算天文的单位，光子的飞行速度是 30 万千米/每秒钟乘每天多少秒再乘每年 365 天才能等于一光年。物理学也好，化学也好，所有的自然科学都离不开数学计算。

焦耳接受了老师的教导，一边试验，一边学习数学，为自己后来的科学试验奠定了数理基础。24 岁时，焦耳开始对通电导体放热的问题进行深入的研究。他把父亲的一间房子改成实验室，一有空便钻到实验室里忙个不停。焦耳首先把电阻丝盘绕在玻璃管上，做成一个电热器。然后把电热器放入一个玻璃瓶中，瓶中装有已知质量的水。给电热器通电并开始计时，用鸟羽毛轻轻搅动水，使水温度均匀。从插在水中的温度计，可随时观察到水温的变化。同时用电流计测出电流的大小。焦耳把这种试验做了一次又一次，并记载了大量试验数据，通过整理和计算，焦耳发现：电流通过导体时产生的热量跟电流的平方成正比，跟导体的电阻成正比，跟通电的时间成正比。

焦耳把这一实验规律写成论文《关于金属导体和电池在电解时放出的热》，并于 1841 年发表在英国《哲学杂志》上。然而，这篇论文并没有引起学术界的重视。因为在一些学者们看来，电与热的关系不能那么简单，况且焦耳只是一个酿酒师，又没有大学文凭。一年后，俄国彼得堡科学院院士楞次也做了电与热的实验，并得到与焦耳完全一致的结果。至此，焦耳的论文才得到重视。因为焦耳的研究等于楞次院士，所以后来科学界把这个定律叫做焦耳定律。

焦耳的成功说出了一个普遍的道理，就是无论做什么事情，都要有相应的基础做垫底。一位教师，没有相应的文化是不可想象的。我们从电影《一个都不能少》里面可以看得出来，没有老师的文化基础，那就连孩子也哄不好。

从来也没听说哪位科学家不需要基础学科的知识。当一位自然科学的工作者进入到学者的境界时，他的知识储备一定是综合性的。当研究的课题进入到高端之后，每个学科都已经是交叉纵横的综合体了。最能证明这一点的就是核物理学科。即包含了物理学、化学，也包含复杂的能量力

学。其实生物学也包括物理特性和化学特性。因为所有生物,也包括人类,我们的身体里每时每刻都在进行着化学反应。我们的每个细胞组织都是一个极其复杂的化学工厂。从这个意义上说,如果我们想成为科学家,无论我们对什么专业感兴趣,或者说我们的未来要选择做什么,都有一个大前提,就是一定先把文化课学好,把文化基础打好。如果焦耳没有很好的文化基础,肯定不会有后来的发展,更不可能用他的名字来命名一项科学定律。

逐梦箴言

不管你有多淘气,不管你有什么爱好,不管你的梦想多么高远,都不要荒废了学业。这就像盖楼打地基一样,只有基础打牢了,楼房才会坚固,才不会遇到因遇见狂风暴雪而坍塌。

知识链接

光子起初被爱因斯坦命名为光量子。光子的现代英文名称photon源于希腊文φ··(在罗马字下写为phocircs),是由物理化学家吉尔伯特·路易士在他的一个假设性理论中创建的。在路易士的理论中,photon指的是辐射能量的最小单位,其“不能被创造也不能被毁灭”。尽管由于这一理论与大多数实验结果相违背而从未得到公认,photon这一名称却很快被很多物理学家所采用。根据科幻小说作家、科普作家艾萨克·阿西莫夫的记载,阿瑟·康普顿于1927年首先用photon来称呼光量子。

■ 小板凳的诉说

我们都知道，爱因斯坦是一位伟大的科学巨匠。在他临终的前一天，还在病床上准备继续他的统一场理论的数学计算。他的广义相对论的研究成果，至今还在指导着科学界关于宇宙空间与时间，物质运动立面的研究。科学界把他称之为天才，奇才。可是这位奇才在童年的时候，也有过艰苦学习的过程。

有一次老师给学生们上手工课，就是要求学生们第人做一件物品。爱因斯坦想做一只小木凳。

下课铃响了，同学们争先恐后拿出自己的作品，交给老师。爱因斯坦没有拿出自己的作品。看到爱因斯坦急得满头大汗的样子。老师宽厚地望着这个小男孩，并鼓励他说："相信你能在明天交上一件好作品。"

第二天，爱因斯坦交给老师的作品是一个制作得很粗糙的小板凳，一条凳腿还钉偏了。满怀期望的老师十分不满地说："你们有谁见过这么糟糕的凳子？"同学们纷纷摇头。老师又看了爱因斯坦一眼，生气地说："我想，世界上不会再有比这更坏的凳子了。"教室里一阵哄笑。

爱因斯坦脸红红的，他走到老师面前，肯定地对老师说："有，老师，还有比这更坏的凳子。"教室里一下子静下来，大家都望着爱因斯坦。他走回自己的座位，从书桌下拿出两个更为粗糙的小板凳，说："这是我第一次和第二次制作的，刚才交给老师的是第三个木板凳。虽然它并不使人满意，可是比起前两个总要强一些。"

这回大家都不笑了，老师向爱因斯坦亲切又深思地点着头，同学们也向他投去敬佩和赞许的目光。

这个故事不仅告诉我们了爱因斯坦的诚实，还告诉了我们他对待学习的韧性。如果没有这种韧性，他怎么聪明都只能是个小聪明，成不了大器。

其实在爱因斯坦很小的时候，对待不懂的东西他都认真去研究，去学习。

那个时候爱因斯坦还没有上学。有一天，爱因斯坦生病了，本来沉静的孩子更像一只温顺的小猫，静静地蜷伏在家里，一动也不动。父亲拿来一个小罗盘给儿子解闷。爱因斯坦的小手捧着罗盘，只见罗盘中间那根针在轻轻地抖动，指着北边。他把盘子转过去，那根针并不听他的话，照旧指向北边。爱因斯坦又把罗盘捧在胸前，扭转身子，再猛扭过去，可那根针又回来了，还是指向北边。不管他怎样转动身子，那根细细的红色磁针就是顽强地指着北边。小爱因斯坦忘掉了身上的病痛，只剩下一脸的惊讶和困惑：是什么东西使它总是指向北边呢？这根针的四周什么也没有，是什么力量推着它指向北边呢？

正是爱因斯坦因为惊讶和困惑提出的为什么，让他从小就在思想中打上了烙印，使他在后来成长的过程中，念念不忘这个小罗盘的为什么，也就是这个原因，让他在学习上更加刻苦。他小小的心灵里已经发誓，一定要弄明白小罗盘上的指针到底为什么指向北方。

这件事影响了爱因斯坦的一生，以至于到了67岁时，他仍然为童年时的“罗盘经历”感慨万千。他在《自述》中说：“当我还是一个四、五岁的小孩，在父亲给我看一个罗盘的时候，就经历过这种惊奇。这只指南针以如此确定的方式行动，根本不符合那些在无意识的概念世界中能找到位置的事物的本性的同直接‘接触’有关的作用。我现在还记得，至少相信我还记得，这种经验给我一个深刻而持久的印象。我想一定有什么东西深深地隐藏在事情后面。显然，一定有一种什么东西，一种什么力量，迫使着指针朝那个方向指定。”

这件偶然小事虽微乎其微，并发生在爱因斯坦成为科学家之前很久的

时间里，但这次奇特的经历却对他后来的科学思考与研究极为重要。后来，“场”的特性和空间问题是那样强劲地吸引着这位物理学家。在广义相对论中，爱因斯坦终于天才地解决了这些儿童时代就萌发出来的困惑。不过在当时，它们还只是以朴质的本来面貌显现在他的眼前。小小的罗盘，里面那根按照一定规律行动的磁针，唤起了这位未来的科学巨匠的好奇心——探索事物原委的好奇心。而这种神圣的好奇心，也正是学习的动力。

逐梦箴言

认真的孩子最可爱，不管你的智商是高还是低，那是由遗传和一些外界因素决定的，我们改变不了。但是我们能够改变的是追逐梦想的毅力，只要我们拥有毅力，成功不是幻想。

知识链接

电子罗盘

电子罗盘也叫数字指南针，是利用地磁场来定北极的一种方法。古代称为罗经，现代利用先进加工工艺生产的磁阻传感器为罗盘的数字化提供了有力的帮助。现在一般有用磁阻传感器和磁通门加工而成的电子罗盘。

华罗庚叫真

1910年11月12日,华罗庚出生江苏省金坛县一个贫困家庭。华罗庚从幼时就爱想事情,常常因为想一件什么事情而忽略了和小伙伴们的玩耍,所以每逢这个时候,小伙伴们也总是管他叫“罗呆子”。华罗庚进入金坛县立初中后,其数学才能被老师王维克发现,并尽心尽力予以培养。初中毕业后,华罗庚曾入上海中华职业学校就读,因拿不出学费而中途退学,故一生只有初中毕业文凭。

此后,他开始顽强自学,每天达10个小时以上。他用五年时间学完了高中和大学低年级的全部数学课程。20岁时,他以一篇论文轰动数学界,被清华大学请去工作。

华罗庚小时候就特别爱动脑,对于一些别人看来司空见惯的事,往往也表现出浓厚的兴趣,提出一些似乎稀奇的问题。有一次,他同别人一块去城郊玩耍,见一座荒坟旁有石人石马,就问比他大的同伴:

“这些石人石马有多重?”

同伴回答说:“这怎么能知道呢。”

华罗庚却不甘心,沉思片刻,说:“以后总会有方法知道的。”

在当年的金坛,华罗庚最喜欢去的地方,还是灯节、船会、庙会等场所,凡是这些热闹的地方都少不了他的身影。城东有座青龙山,山上有个庙。每逢庙会,庙中的“菩萨”便头插羽毛,打扮得花花绿绿,骑着高头大马进城来。一路上,人们见到“菩萨”就磕头行礼,祈求幸福。华罗庚伸直脖子,望

着双手合十的“菩萨”，心里暗自琢磨：“‘菩萨’果真万能吗？”当庙会散了，人们也陆续回家，华罗庚却跟着“菩萨”去了青龙山，想探个究竟，看一看“菩萨”的真面目。

来到庙里，“菩萨”卸了装，华罗庚一看“菩萨”是人扮的，就立刻往家跑。回到家，他便兴高采烈地对妈妈说：“妈，你往后不要给‘菩萨’磕头了，‘菩萨’是骗人的。”

父亲马上训斥道：“唉呀，罪过，小孩子懂什么？”

他却认真反驳道：“我到青龙山的庙里去了，‘菩萨’原来是假的，是人装扮的。”

华罗庚的数学作业，经常有涂改的痕迹，很不整洁，老师开始时非常不满意。后来经过仔细辨别，老师发现华罗庚是在不断改进和简化自己的解题方法。

华罗庚在中学读书时，曾对传统的珠算方法进行了认真思考。他经过分析认为：珠算的加减法难以再简化，但乘法还可以简化。乘法传统打法是“留头法”或“留尾法”，即先将乘法打上算盘，再用被乘数去乘；每用乘数的一位数乘被乘数，则在乘数中将该位数去掉；将乘数用完了，即得最后答案。华罗庚觉得：何不干脆将每次乘出的答数逐次加到算盘上去呢？这样就省掉了乘数打上算盘的时间例如：28×6，先在算盘上打上 2×6=12，再退一位，加上 8×6=48，立即得 168，只用两步就能得出结果。对于除法，也可以同样化为逐步相减来做节省的时间就更多的。

凭着这一点改进，再加上他擅长心算，华罗庚在当时上海的珠算比赛中获得了冠军。

华罗庚不仅对数学肯动脑筋，对语文也很用心。有一次，老师把自己收藏的文学大师胡适的书分给学生，让每人看完后写一篇读后感。华罗庚分得的是《尝试集》，书中流露出作者提倡白话文的得意，认为自己是一次成功的尝试，于是在扉页上写了一首《序诗》：“尝试成功自古无，放翁这话未必是。我今为下一转语，自古成功在尝试。”

华罗庚在读后感中，并未表达出老师所期望的对胡适的赞美之词，而是尖锐地指出：胡适的这首诗概念混乱，第一句中的“尝试”与第四句中的“尝试”是两个完全不同的概念。第一句中的“尝试”是指初次尝试，当然一试就成功是比较罕见的；第四句中的“尝试”则是指经过多次尝试或失败之后的一次成功尝试，所以它们具有不同的含意。单独来看两个“尝试”都是有道理的，但胡适将二者放在一起，则是拿自己的概念随意否定别人（陆放翁）的概念，真是岂有此理！他说：“胡适序诗逻辑混乱，不堪卒读。”

虽然语文老师当时十分不悦，但20年后还是对已成名的华罗庚说：“我早就看了你的文章不落窠臼。”

这几则华罗庚小时候的故事，说明了一个人能不能成为大科学家，能不能在科学研究上有所建树，不一定非要经历过什么名牌大学的学习。当然，有机会上大学更好，没有条件，自学同样可以成为栋梁之材。

可是我们必须承认的是，自学绝对是一个更为艰苦的过程，如果没有这个过程，那么你永远不会成才。华罗庚勤思考，不迷信权威，承受了自学过程中的许多困难和痛苦，才成为了一名大数学家。

名人们的学习故事告诉我们，学习是一件痛苦的事情，也是一件快乐的事情。学习很累，特别是自学，可以说是困难重重，恐怕更是让人难以承受。但是，当你的学习有了一定的成果，或者是你解决了一个难题之后，那种轻松与快乐则是无法形容的。应当指出的是，学习的关键是找到适合自己学习的方式方法，并以此来提高我们的学习兴趣，增加学习动力。对于青少年来说，把学习当做一种乐趣不失为一种好的心态。比如我们每解决一次难题的时候，就想法为自己庆祝一下，然后再去冲击下一个目标，相信会取得很好的效果。

逐梦箴言

有好奇心，善于发现和学习，这些都是很好的习惯。习惯成就梦想，学习是一件永远不让人后悔的事情之一。

知识链接

华罗庚的主要成就

他是中国解析数论、矩阵几何学、典型群、自安函数论等多方面研究的创始人和开拓者。在国际上以华氏命名的数学科研成果就有“华氏定理”、“怀依—华不等式”、“华氏不等式”、“普劳威尔—加当华定理”、“华氏算子”、“华—王方法”等。著有《堆垒素数论》《典型域上的多元复变数函数论》等专著10部，学术论文二百余篇，科普作品《优选法评话及其补充》《统筹法评话及补充》等，辑为《华罗庚科普著作选集》。其中8部专著被国外翻译出版，列为本世纪数学经典著作。

智慧心语

书犹药也，善读之可以医愚。

——刘向

骤长之木，必无坚理；早熟之禾，必无嘉实。

——徐祯稷

讲到学习方法，我想用六个字来概括："严格、严肃、严密。"这种科学的学习方法，除了向别人学习之外，更重要的是靠自己有意识的刻苦锻炼。

——苏步青

当你还不能对自己说今天学到了什么东西时，你就不要去睡觉。

——利希顿堡

学问对于人们要求最大的紧张和最大的热情。

——巴甫洛夫

第四章

实践出真知

人的正确思想是从哪里来的？是从天上掉下来的吗？不是。是自己头脑里固有的吗？不是。人的正确思想，只能从社会实践中来，只能从生产斗争、阶级斗争和科学实验这三项实践中来。

——毛泽东

■ 比萨斜塔上落下的铁球

伽利略是第一个把实验引进力学的科学家,他利用实验和数学相结合的方法确定了一些重要的力学定律。

1585 年,伽利略因家庭经济困难而辍学。在离开比萨大学期间,他深入研究古希腊学者欧几里得、阿基米德等人的著作。他根据杠杆原理和浮力原理写出了第一篇题为《天平》的论文。不久又写了论文《论重力》,第一次揭示了重力和重心的实质并给出准确的数学表达式,因此声名大振。与此同时,他对亚里士多德的许多观点提出质疑。

此后的几年里,伽利略对落体运动作了细致的观察。其中最著名的自由落体实验,就是在意大利的比萨斜塔上公开进行的。在伽利略之前,古希腊的亚里士多德认为,物体下落的快慢是不一样的。它的下落速度和它的重量成正比,物体越重,下落的速度越快。比如说,10 千克重的物体,下落的速度要比 1 千克重的物体快 10 倍。

此后的一千七百多年里,人们一直把这个违背自然规律的学说当成不可怀疑的真理。年轻的伽利略根据自己的经验推理,大胆地对亚里士多德的学说提出了疑问。经过深思熟虑,他决定亲自动手做一次实验。他选择了比萨斜塔作实验场。这一天,他带了两个大小一样但重量不等的铁球,一个重 10 磅,是实心的;另一个重 1 磅,是空心的。伽利略站在比萨斜塔上面,望着塔下。塔下面的广场上站满了前来观看的人,人们纷纷议论。许多人表示了怀疑。认为伽利略是在做一件不可能成功的实验,因为亚里士多德

的理论不会有错的。实验开始了，伽利略两手各拿一个铁球，大声喊道："下面的人们，你们看清楚，铁球就要落下去了。"说完，他把两手同时张开。人们看到，两个铁球平行下落，几乎同时落到了地面上。所有的人都目瞪口呆了。

伽利略的试验，揭开了落体运动的秘密，它从实验上否定了统治千余年的亚里士多德关于"落体运动法则"。确立了正确的"自由落体定律"，即在忽略空气阻力条件下，重量不同的球在下落时同时落地，下落的速度与重量无关。

伽利略这次实验告诉我们什么了呢？那就是实践是检验真理的标准。

其实伽利略对于科学的贡献是巨大的，而他提出的每一种理论几乎都是通过实验来确定。

他是利用望远镜观测天体取得大量成果的第一位科学家。这些成果包括：发现月球表面凹凸不平，木星有四个卫星，现在被称为伽利略卫星；发现太阳黑子和太阳的自转；金星、木星的盈亏现象以及银河由无数恒星组成等。他用实验证实了哥白尼的"太阳中心说"，彻底推翻了亚里士多德和托勒密的"地球中心说"理论的上千年统治。

他最早的温度计是在1593年发明的。他用一根一端敞口的玻璃管，另一端带有核桃大的玻璃泡。使用时先给玻璃泡加热，然后把玻璃管插入水中。随着温度的变化，玻璃管中的水面就会上下移动，根据移动的多少就可以判定温度的变化和温度的高低。

他还在发现惯性定律的基础上，提出了运动的相对性原理。他说："当你在密闭的运动着的船舱里观察力学过程时，只要运动是匀速的，决不忽左忽右摆动，你将发现，船上所有物体运动现象丝毫没有变化，你也无法从其中任何一个现象来确定，船是在运动还是停着不动。即使船运动得相当快，在跳跃时，你将和以前一样，在船底板上跳过相同的距离，你跳向船尾也不会比跳向船头来得远，虽然你跳到空中时，脚下的船底板向着你跳的相反方向移动。你把不论什么东西扔给你的同伴时，不论他是在船头还是在船尾，只要你自己站在对面，你也并不需要用更多的力。水滴将像先前一样，垂直滴进下面的罐子，一滴也不会滴向船尾，虽然水滴在空中时，船已行驶了许多一定的距离。鱼在船上的水盆里游向水盆前部所用的力，不

比游向水盆后部来得大；它们一样悠闲地游向放在水盆边缘任何地方的食饵。最后，蝴蝶和苍蝇将继续随便地到处飞行，它们也决不会向船尾集中，并不因为它们可能长时间留在空中，脱离了船的运动，为赶上船的运动显出累的样子。如果点香冒烟，则将看到烟像一朵云一样向上升起，不向任何一边移动。所有这些一致的现象，其原因在于船的运动是船上一切事物所共有的，也是空气所共有的。”

伽利略这一关于匀速运动的叙述，由浅入深，循序渐进，用我们坐船时所经历的现象来说明，证明了他这些问题在他心中由来已久，而正是因为他有了乘船的经历（我们也可以把它说成是实验的过程），因而特别具有说服力。

其实这一相对性原理的意义远不止此，它第一次提出惯性参照系的概念，这一原理被爱因斯坦称为伽利略相对性原理，是狭义相对论的先导。

伽利略一次又一次的科学实验，一次又一次地证明了他科学理论的创立与创新。这说明科学的理论，只有在科学实践的基础上才能获得成功。

逐梦箴言

一个成功者是从来不对困难和挫折屈服的，如果你能以不可动摇的决心和努力支持你所有的目标和计划，你就将惊奇地发现，世界上没有任何东西和力量可以阻挡你的步伐，而你所有的宏伟目标也必将成为现实，你的美梦可以成真。

知识链接

惯性定律

牛顿第一运动定律，又称惯性定律，它科学地阐明了力和惯性这两个物理概念，正确地解释了力和运动状态的关系，并提出了一切物体都具有保持其运动状态不变的属性——惯性，它是物理学中一条基本定律。

■ 与蛇毒共舞

鲍尔·海斯德,美国的一位研究蛇毒的科学家。他之所以选择了这个职业,与他小时候的经历有关。

鲍尔的家乡在落基山脉边缘一个小镇。由于这个地方温热潮湿,很适于各种动植物的生长,因而各类物种特别多。其中有一条山沟里乱石交错,长年生活着有无数条毒蛇,因此小镇上的人们把这里称之为毒蛇沟。每年都有人被毒蛇咬伤的消息。

鲍尔很小的时候就知道那条山沟是不能进去的,也经常能听到大人们讲那个山沟里毒蛇伤人的事情。在他渐渐长大的时间里,几乎每年都能看到被毒蛇咬伤的人死掉。小镇上的人们对毒蛇们既恐惧,又无奈。

有一次,怀特先生进山打草时,被毒蛇咬伤了。当人们把他抬回小镇医生的住所后,因为没有解蛇毒的药,他很快就死去了。怀特是个和蔼的老人,鲍尔看着躺在病床上的怀特很伤心。

回到家后,鲍尔因为不能帮助怀特先生治疗蛇毒感到痛苦,又由怀特先生的死想到世界每年有成千上万人被毒蛇咬死,从那时起,他就下决心要研究出一种抗蛇毒的药,让那些被毒蛇咬伤的人不再受死亡的威胁。

那个时候天花这种病在人群中盛行,特别是儿童,很多得了天花的孩子就会死掉。但是,也有一些儿童得了天花并没有死掉,而且就此也不会再得天花。有科学家对这个现象进行了研究,得出了一个结论,就是人患了天花之后,随之身体里会产生抗体,如果抗体较强,就会产生免疫力,从而使那些增强了免疫力的儿童没有死去,而是活了下来。

鲍尔受到这个启发,他就想:天花病毒会使患病的儿童在身体里产生抗体，从而增强免疫力，那么人让毒蛇咬后，会不会也产生抗体，来增强人体的免疫力呢？如果同样能增强人的身体免疫力，那么如果提取这些抗毒物质，能不能用来抵抗蛇毒呢？

鲍尔认为这种设想也是有可能的，但究竟行不行，还要经过临床的实验才能证明。可是怎么实验呢？拿别人的身体做实验，显然是很困难的。别说没有人愿意接受实验，就是有人愿意，那么这种危险性极大，随时都有可能夺走被实验者生命的实验，也让鲍尔下不了手。

也许就是这个原因，鲍尔从 15 岁起，就在自己身上注射微量的毒蛇腺体，并逐渐加大剂量与毒性。

这种试验是极其危险和痛苦的。每注射一次，他都要大病一场。因为各种蛇的蛇毒成分不同，作用方式也不同，每注射一种新的蛇毒，原来的抗毒物质不能胜任，又要经受一种新的抗毒物质折磨。他身上先后注射过 28 种蛇毒。经过危险与痛苦的试验，终于有了收获。

由于自身产生了抗毒性，眼镜王蛇、印度蓝蛇、澳洲虎蛇都咬过他，但每次他都从死神身边逃了回来。蓝蛇的毒性极大，鲍尔是世界上惟一被蓝蛇咬过而活着的人。他一共被毒蛇咬过 130 多次，每次都安然无恙。海斯德对自己血液中的抗毒物质进行分析，试制出一些抗蛇毒的药物，并且救治了很多被毒蛇咬伤的人。

应该说鲍尔先生才是真正的与蛇共舞的人。我们首先要肯定他的这种为科学研究勇于献身的精神。与此同时，我们更应该明白，也就是这种献身精神的实验，拯救了无数个被毒蛇咬过的人的生命。如此说来，鲍尔先生更伟大。

鲍尔先生与蛇共舞告诉我们，科学实验是有危险的。我们在重视科学实践的同时，也应该具有为科学研究而献身的精神。

无数事例证明，今天的科学技术成果，那是经历了前辈科学家们不断的努力，有着奉献其一生，甚至献出生命的代价而取得的。我们今天几乎所有的研究，都是在他们劳其一生，或者是付出生命的代价所建立的基础之上来进行的。我们不应该忘记他们，更不能无视他们的成果而独揽其功。

事实上我们必须承认一个现实，那就是任何一种创新形式的理论，都

在或多或少地否定前者已经成熟的理论。这并不奇怪，也不可怕。因为即使是非常成熟的理论，也不一定没有其漏洞。不是早就有外星人告诉过我们吗："如果要让我们的科学技术水平达到外星人的发达程度，那么至少要将爱因斯坦的相对论更新三次以上"。当然这只是个传说，但是这个传说至少说明了一个问题，那就是我今天的科学技术理论仍然存在着很多不完善的地方。

否定前辈的科学研究成果，或者部分的否定，并不是说前辈的研究有多大的错误，而是科学技术发展到今天所提出的新课题。这新的课题是在前辈们研究的基础之上方会提出，否则，它是不存在的。可以想象，没有任何根据的理论，它会产生吗？

那么我们回过头来再谈鲍尔先生对蛇毒的研究。他每尝试一种蛇毒，都是在拿生命做实验。为什么？这个实验太重要了。鲍尔先生懂得，这是拿自己的生命，来换取别人的生命。似乎也只有通过这种方式，才能够拯救更多被毒蛇咬伤的人。也许，这就是一个科学家的使命。

逐梦箴言

有人认为，奉献只讲牺牲，高不可攀，可敬不可为，可羡不可行。这是一种误解。奉献既是一种高尚的情操，也是一种平凡的精神。

知识链接

印度蓝蛇

印度蓝蛇是世界上最毒的蛇，据资料记载到目前为止，被该蛇咬过而存活的仅一人而已，他就是鲍尔。他采用往体内少量注射蛇毒的方法来在其体内培养抗毒血清。他多次小剂量往体注射印度蓝蛇蛇毒，在确保已取得一定的抗体的情况下让该蛇咬了一口。他存活了下来，但也昏迷了数天。

镭之光

1896 年，法国物理学家贝克勒尔发表了一篇工作报告，详细地介绍了他通过多次实验发现的铀元素，阐述了铀元素的基本特性。

“铀及其化合物具有一种特殊的本领，它能自动地、连续地放出一种人的肉眼看不见的射线，不断地放出射线，向外辐射能量……”

贝克勒尔的报告引发了居里夫人极大的兴趣。这些能量来自于什么地方？这种与众不同的射线的性质又是什么？她决心揭开它的秘密。

1897 年，居里夫人选定了自己的研究课题，对放射性物质的研究。

在实验研究中，居里夫人设计了一种测量仪器，不仅能测出某种物质是否存在射线，而且能测量出射线的强弱。她经过反复实验发现：铀射线的强度与物质中的含铀量成一定比例，而与铀存在的状态以及外界条件无关。

居里夫人对已知的化学元素和所有的化合物进行了全面的检查，获得了重要的发现：一种叫做钍的元素也能自动发出看不见的射线来，这说明元素能发出射线的现象决不仅仅是铀的特性，而是有些元素的共同特性。

她把这种现象称为放射性，把有这种性质的元素叫做放射性元素。它们放出的射线就叫“放射线”。她还根据实验结果预料：含有铀和钍的矿物一定有放射性；不含铀和钍的矿物一定没有放射性。仪器检查完全验证了她的预测。她排除了那些不含放射性元素的矿物，集中研究那些有放射性的矿物，并精确地测量元素的放射性强度。

在实验中，她发现一种沥青铀矿的放射性强度比预计的强度大得多，这说明实验的矿物中含有一种人们未知的新放射性元素，且这种元素的含量

一定很少，因为这种矿物早已被许多化学家精确地分析过了。她果断地在实验报告中宣布了自己的发现，并努力要通过实验证实它。

在这关键的时刻，她的丈夫比埃尔·居里也意识到了妻子的发现的重要性，停下了自己关于结晶体的研究，来和她一道研究这种新元素。

经过努力，他们从矿石中分离出了一种同铋混合在一起的物质，它的放射性强度远远超过铀，这就是后来被列在元素周期表上第84位的钋。

几个月以后，他们又发现了另一种新元素，并把它取名为镭。但是，居里夫妇并没有立即获得成功的喜悦。当拿到了一点点新元素的化合物时，他们发现原来所做的估计太乐观了。事实上，矿石中镭的含量还不到百万分之一。只是由于这种混合物的放射性极强，所以含有微量镭盐的物质表现出比铀要强几百倍的放射性。

科学的道路从来就不平坦。钋和镭的发现，以及这些放射性新元素的特性，动摇了几世纪以来的一些基本理论和基本概念。科学家们历来都认为，各种元素的原子是物质存在的最小单元，原子是不可分割的、不可改变的。按照传统的观点是无法解释钋和镭这些放射性元素所发出的放射线的。因此，无论是物理学家，还是化学家，虽然对居里夫人的研究工作都感到有兴趣，但是心中都有疑问。尤其是化学家们的态度更为严谨。为了最终证实这一科学发现，也为了进一步研究镭的各种性质，居里夫妇必须从沥青矿石中分离出更多的、并且是纯净的镭盐。

一切未知的世界都是神秘的。在分离新元素的研究工作开始时，他们并不知道新元素的任何化学性质。寻找新元素的唯一线索是它有很强的放射性。他们据此创造了一种新的化学分析方法。但是他们没有钱，没有真正的实验室，只有一些自己购买或设计的简单的仪器。他们出于工作效率的考虑，分头开展研究。由居里先生试验确定镭的特性；居里夫人则继续提炼纯镭盐。坚定的信念和艰苦的奋斗终于获得了成功，自然界中的每一个奥秘都会在勇敢者的手中被提示出来。1902年年底，居里夫人提炼出了十分之一克极纯净的氯化镭，并准确地测定了它的原子量。从此镭的存在得到了证实。镭是一种极难得到的天然放射性物质，它的形体是有光泽的、像细盐一

样的白色结晶。在光谱分析中，它与任何已知的元素的谱线都不相同。镭虽然不是人类第一个发现的放射性元素，但却是放射性最强的元素。利用它的强大放射性，能进一步查明放射线的许多新性质，以使许多元素得到进一步的实际应用。医学研究发现，镭射线对于各种不同的细胞和组织，作用大不相同，那些繁殖快的细胞，一经镭的照射很快都被破坏了。这个发现使镭成为治疗癌症的有力手段。镭的发现从根本上改变了物理学的基本原理，对于促进科学理论的发展和在实际中的应用，都有十分重要的意义。

1937 年 7 月 14 日，居里夫人病逝了。她最后死于恶性贫血症。人们有理由相信，她也死于长期的，放射性物质的照射。

居里夫人一生的科学研究成果，特别中后期的研究成果，几乎都是在科学实验中取得的。或者我们也可以说，如果离开了她的那些科学实验，她什么也不会得到。应该说她一生创造、发展了放射科学，最后把生命贡献给了这门科学。

逐梦箴言

每一种成功都始于一双善于发现的眼睛，更始于执著探索的心灵。

知识链接

铀是一种带有银白色光泽的金属，比铜稍软，具有很好的延展性，铀的比重很大，与黄金差不多，每立方厘米约重 19 克。铀的化学性质很活泼，易与大多数非金属元素发生反应。美国用贫化铀制造的一种高效的燃烧穿甲弹——“贫铀弹”，能烧穿 30 厘米厚的装甲板，“贫铀弹”利用的就是铀极重而又易燃这两种性质。

■ 浮力定律

阿基米德是一位物理学家,他的主要研究是力的解构。比如力的分解和力的合成。他曾经对国王说:“给我一个支点,我就能撬动地球。”他也曾经让国王一个人拉动了一艘大船。

据说当时国王赫农王为埃及国王制造了一艘大船,因为体积大,相当重,因为不能挪动,搁置在海岸上已经很长时间了。王国正在犯愁之时,阿基米德来到了国王的身边。国王说:“你不是很有办法吗?那就帮我把那条船拖到海里去吧。”

“是,陛下。”阿基米德答应下来以后,设计了一套复杂的滑轮系统安装在船上,最后将绳索的一端交到赫农王手上。赫农王轻轻拉动绳索,奇迹出现了,大船缓缓地挪动起来,在撤掉了滑道上的止压物之后,大船最终顺利下海。国王十分惊讶,对阿基米德非常赞佩,并发布命令:“今后对阿基米德的任何理论,都要给予推广。”

阿基米德出生于贵族家庭,十分富有。虽然他家在希腊叙拉古附近的一个小村庄,但是与叙拉古的国王赫农王有亲戚关系。阿基米德的父亲是天文学家兼数学家,学识渊博,为人谦逊。阿基米德受家庭的影响,从小就对数学、天文学特别是古希腊的几何学产生了浓厚的兴趣。当他刚满 11 岁时,借助与王室的关系,被送到埃及的亚历山大里亚城去学习。亚历山大城位于尼罗河口,是当时文化贸易的中心之一。这里有雄伟的博物馆、图书馆,而且人才荟萃,被世人誉为“智慧之都”。阿基米德在这里学习和

生活了许多年，曾跟很多学者密切交往。他兼收并蓄了东方和古希腊的优秀文化遗产，在其后的科学生涯中作出了重大的贡献。

在数学研究方面，阿基米德被公认为微积分计算的鼻祖。他还提出了一套有重要意义的按级计算的方法，为后世的人们利用它，解决了许多数学难题。

在力学方面，阿基米德在静力学和流体力学方面的贡献最为突出。他在机械运动的研究中发现了杠杆原理，并利用这一原理设计和制造了许多机械设备，在一定程度上推动了机械生产的发展。他在研究物体的比重中发现了水的浮力，进而研究摸索出了物体在水中浮力的基本规律，并确定浮力定律。

阿基米德不仅是个理论家，也是个实践家，他一生热衷于将其科学发现应用于实践，从而把二者结合起来。公元前 1500 年前，埃及就有人用杠杆来抬起重物，不过人们不知道它的道理。阿基米德潜心研究了这个现象并发现了杠杆原理。

说起来，阿基米德的浮力定律也是他从实验中得到的最初判断。

赫农王让金匠替他做了一顶纯金的王冠，做好后，国王疑心工匠在金冠中掺了银子，但这顶金冠确与当初交给金匠的纯金一样重，到底工匠有没有捣鬼呢？既想检验真假，又不能破坏王冠，这个问题不仅难倒了国王，也使诸大臣们面面相觑。后来，国王将它交给了阿基米德。阿基米德冥思苦想出很多方法，但都失败了。有一天，他去澡堂洗澡，他一边坐进澡盆里，一边看到水往外溢，同时感到身体被轻轻浮起。他突然恍然大悟，原来他想到了物体的品质不同，比重也肯定不同。如果王冠放入水中后，排出的水量不等于同等重量的金子排出的水量，那肯定是掺了别的金属。就这样，他通过实验不仅证实了王冠的纯度，也发现了物体在水中的规律。这就是有名的浮力定律，即浸在液体中的物体受到向上的浮力，其大小等于物体所排出液体的重量。在后来，国际科学界将这一定律命名为阿基米德定律。

阿基米德非常重视实践的作用。在晚年的时候，罗马军队入侵叙拉

古，阿基米德指导同胞们制造了很多攻击和防御的武器。当侵略军首领马塞勒塞率领大军攻城时，他设计的投石机把敌人打得哭爹喊娘。他制造的铁爪式起重机，能将敌船提起并倒转，抛至大海深处。传说他还制作了一面大凹镜，将阳光聚焦在靠近的敌船上，使它们焚烧起来。罗马士兵在这频频的打击中已经心惊胆战，草木皆兵，一见到有绳索或木头从城里扔出，他们就惊呼“阿基米德来了”，随之抱头鼠窜。罗马军队被阻入城外达三年之久。

公元前212年，古罗马军队最终占领了叙拉古，阿基米德被罗马士兵杀死，终年75岁。阿基米德的遗体葬在西西里岛，墓碑上刻着一个圆柱内切球的图形，以纪念他在几何学上的卓越贡献。

一个贵族子弟，可以说他占尽了优势。但是，在对待科学的研究方面，他严谨而刻苦，可谓奋斗终生。如果我们抛开战争的因素，就阿基米德在科学实验方面所做出的成绩，也绝非一般科学工作者所能取得的。

诚然，物理力学需要数学基础。可是阿基米德的数学成就，远远地超过了他研究物理学所需要的深度。他是卓有成就的物理学家，也是建树卓越的数学家。我们应该明白，这不只是他的天分，更有他的勤奋。

现在我们来谈谈如何实践的问题。科学家们的研究离不开科学实践，也可以说，他们有实践的条件和实践的基础。可是对于我们青少年来说，我们的实践途径在哪里呢？我觉得应该两条腿走路。

第一，要把现行的课本里的知识学懂弄通。做到这一点并不难，只要上课注意听讲，下课复习巩固就可以做到。但需要提醒大家的是，这是一切理论和实践的基础。如果这一点都做不到，那么其它的什么都免谈。因为任何科学实践都不是空中楼阁，都需要基础理论和基础知识做支撑。没有这个支撑，那个空中楼阁是不存在的。当然，你如果认为它可能存在，那就是上帝的花园了，那是另一个世界里的建筑，与我们没有关系。

第二，按照学习的进度跟进观察，这是一种实践的训练。我们现在学习的知识对于这个世界来说，早已经掌握。然而，这个世界掌握的科学技术不能说明我们所有的人，都掌握了这些科学技术。尤其是我们青少年，

正处于在成长时期,不知不懂的事物还很多,需要很长时期的学习,来添补我们在基础知识里的空白。按照学习进度跟进观察,是我们更好更准确地理解课本知识的辅助手段。比如植物课讲植物的细胞,在课堂之外,我们可以到田地中去观察各种植物的叶片,观察叶脉分布,来求证课本上的知识。这样就可以使我们更扎实地理解所学到的科学知识。

其实许多科学发现,也都是科学家们从观察中得来的。前面已经讲了许多,这里就不讲了。我们应该明确的是,我们的未来无论选择什么职业,都必须有现在的文化做基础。其实就是考上了大学,学了专业知识,那也不过是基础罢了。

我相信,未来的科学家们,你们是最优秀的!

逐梦箴言

从阿基米德的身上,我们看到的不仅是传奇,他同样给了我们智慧,启发我们认真的思考,以及对待科学的认真严谨的态度;从生活中发现基本的科学规律,而且善于观察、发现生活。

知识链接

古希腊文明

古希腊位于地中海东北部,除了现在的希腊半岛外,还包括爱琴海、马其顿、色雷斯、意大利半岛和小亚细亚等地。这片土地见证了欧洲最早的两大文明:米诺斯文明及迈锡尼文明。公元前五六世纪,产生了璀璨的希腊文明。

智慧心语

不闻不若闻之，闻之不若见之，见之不若知之，知之不若行之。

——荀子

纸上得来终觉浅，绝知此事要躬行。

——陆游

凡事都要脚踏实地去作，不弛于空想，不骛于虚声，而惟以求真的态度作踏实的工夫。以此态度求学，则真理可明；以此态度作事，则功业可就。

——李大钊

要学会做科学中的粗活。要研究事实，对比事实，积聚事实。

——巴甫洛夫

实践，是个伟大的揭发者，它暴露一切欺人和自欺。

——车尔尼雪夫斯基

第五章

刻苦是前提

导读

刻苦这个词的本身，就是指学习时所下功夫的程度。比如刻苦学习；刻苦钻研。中国古代有头悬梁锥刺骨一说，都是在形容学习的刻苦。我们还习惯于把刻苦说成是一种精神，以此来证明在学习上肯下功夫的自觉意识。这一切都说明了一个问题，那就是无论你做什么事，都要付出辛苦的劳动，这也包括学习和科学研究。也就是说，没有刻苦为前提，那你将一事无成。

■ 发明家的执著与刻苦

其实我们本不必对刻苦大发感慨,谁都知道刻苦意味着什么。对于拈轻怕重的人来说,刻苦就意味着痛苦。或许他还没有感觉到,或者他根本就不会感觉到“痛,并快乐着!”问题在于,刻苦并不是所有人都能做到的事情。

有些人养尊处优,生活在十分优越的环境中,他所谓的痛,不过是矫情罢了。而有些人,虽然生活的条件优越,但是他们追求的目标高尚。在追求高尚或者是品味高尚的过程中,刻苦必然是他们的选择。就像有些科学家,家庭背景和生活条件都很好,本可以无忧无虑地享受生活。但是他们选择了为科学而献身的道路,刻苦便成为他们的必修课了。当然,在他们取得了科学研究成果之时,那个时候他们的感觉是幸福的、快乐的,甚至是疯狂的,尽管曾经“痛”过。

还有一些科学家,他们清贫一生,也许还是疾病缠身,却在追求科学真理的道路上艰难探索,付出的辛苦较常人多出百倍千倍,也许用刻苦二字似乎都会显得不足。但是,他们拥有着世界上最大的财富——造福于人类的品德和追求真理的精神。我们没有理由不敬重他们。

一位备受人敬重的科学家,在他 75 岁的时候,还每天准时到实验室签到上班,他在几十年间几乎每天工作十几个小时,晚间在书房读三至五小时书,若用平常人一生的活动时间来计算,他的生命已经成倍的延长了。因此,在他 79 岁生日的那天,他骄傲地对人们宣布:“我已经是 135 岁的人了”。

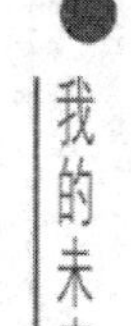

活到 84 岁的爱迪生，一生好学而刻苦，善于思考，努力工作，科学发明达 1100 项之多，其中最大贡献是发明留声机和自动电报机，实验并改进了白炽灯和电话。爱迪生 20 岁出头开始研究电灯，历时 10 余年，他先后选用了竹棉、石墨、钽……等等上千种不同物质作灯丝材料进行试验，时常通宵达旦，有一次他和助手们竟连续工作五昼夜。1879 年爱迪生用炭丝作为白炽灯丝，并点燃四十小时。由于炭丝表面多孔，性脆，强度很低。不久被钨丝代替。

1883 年爱迪生发现了热电子发射现象，也叫"爱迪生效应"，即金属表面附近的部分电子或离子因高温而使其无规则运动得到足够的动能，克服表面的束缚，逸出金属之外。爱迪生效应对于一切真空管的操作至为重要，作为发射表面的阴极常涂上一层碱土金属氧化物，以利电子发射，并用电流加热以维持高温。

1900 年，爱迪生发明了铁镍蓄电池，是一种碱性蓄电池，电动势约为 1.3~1.4 伏，寿命长，但效率不高。爱迪生一生有许多发明，可是当别人问爱迪生成功原因时，他说：有些人以为我有什么天才，这是不正确的，"天才"是百分之一的灵感，百分之九十九的出汗。

我们讲的这些是对爱迪生的介绍。关于他的故事仅用这几百字来介绍他，未免太过于简单。事实上对他的介绍是无法叙述完整的，因为他的发明太多了，经历太丰富了。

然而，这太多的发明和太丰富的经历却告诉了我们一个简单的事实，那就是"刻苦"。这是爱迪生的自觉行为，也是科学研究带给他的动力。发明电灯的过程就是很好的说明。

在电灯问世以前，人们普遍使用的照明工具是煤油灯或煤气灯。这种灯因燃烧煤油或煤气，因此，有浓烈的黑烟和刺鼻的臭味，并且要经常添加燃料，擦洗灯罩，因而很不方便。更严重的是，这种灯很容易引起火灾，酿成大祸。多少年来，很多科学家想尽办法，想发明一种既安全又方便的电灯。

1878 年 9 月，爱迪生决定向电力照明这个堡垒发起进攻。他翻阅了大量的有关电力照明的书籍，决心制造出价钱便宜，经久耐用，而且安全方便

的电灯。

他从白热灯着手试验。他认为把一小截耐热的东西装在玻璃泡里,当电流把它烧到白热化的程度时,就可以由热而发光。至于用什么材料,他首先想到炭。于是,他开始了实验。他把一小截炭丝装进玻璃泡里,可是刚一通电,炭丝马上就断裂了。

“这是什么原因呢?”爱迪生拿起断成两段的炭丝,再看看玻璃泡,过了许久,才忽然想起,“噢,也许因为这里面有空气,空气中的氧又帮助炭丝燃烧,致使它马上断掉!”于是他用自己手制的抽气机,尽可能地把玻璃泡里的空气抽掉。一通电,果然没有马上熄掉。但8分钟后,灯还是灭了。

可不管怎么说,爱迪生终于发现:真空状态对白热灯非常重要,关键是炭丝,问题的症结就在这里。

那么应选择什么样的耐热材料好呢?

爱迪生左思右想,熔点最高,耐热性较强要算白金啦!于是,爱迪生和他的助手们,用白金试了好几次,可这种熔点较高的白金,虽然使电灯发光时间延长了好多,但不时要自动熄掉再自动发光,仍然很不理想。

爱迪生并不气馁,继续着自己的试验工作。他先后试用了钡、钛、钴等各种稀有金属,效果都不很理想。

过了一段时间,爱迪生对前边的实验工作做了一个总结,把自己所能想到的各种耐热材料全部写下来,总共有1600种之多。

接下来,他与助手们将这1600种耐热材料分门别类地开始试验,可试来试去,还是采用白金最为合适。由于改进了抽气方法,使玻璃泡内的真空程度更高,灯的寿命已延长到两个小时。但这种由白金为材料做成的灯,价格太昂贵了,谁愿意化这么多钱去买只能用两个小时的电灯呢?

实验工作陷入了低谷,爱迪生非常苦恼,一个寒冷的冬天,爱迪生在炉火旁闲坐,看着炽烈的炭火,口中不禁自言自语道:“炭炭……”可用木炭做的炭条已经试过,该怎么办呢?爱迪生感到浑身躁热,顺手把脖子上的围巾扯下,看到这用棉纱织成的围脖,爱迪生脑海突然萌发了一个念头:对!棉纱的纤维比木材的好,能不能用这种材料?他急忙从围巾上扯下一根棉

纱，在炉火上烤了好长时间，棉纱变成了焦焦的炭。他小心地把这根炭丝装进玻璃泡里，一试验，果然效果很好。爱迪生非常高兴，紧接又制造很多棉纱做成的炭丝，连续进行了多次试验。灯泡的寿命一下子延长 13 个小时，后来又达到 45 个小时。

这个消息一传开，轰动了整个世界。使英国伦敦的煤气股票价格狂跌，煤气行也出现一片混乱。人们预感到，点燃煤气灯即将成为历史，未来将是电光的时代。大家纷纷向爱迪生祝贺，可爱迪生却无丝毫高兴的样子，摇头说道："不行，还得找其它材料！""怎么，亮了 45 个小时还不行？"助手吃惊地问道。"不行！我希望它能亮 1000 个小时，最好是 1600 个小时！"爱迪生答道。

大家知道，亮 1000 多个小时固然很好，可去找什么材料合适呢？爱迪生这时心中已有数。他根据棉纱的性质，决定从植物纤维这方面去寻找新的材料。

于是，马拉松式的试验又开始了。凡是植物方面的材料，只要能找到，爱迪生都做了试验，甚至连马的鬃，人的头发和胡子都拿来当灯丝试验。最后，爱迪生选择竹子这种植物。他在试验之前，先取出一片竹子，用显微镜一看，高兴得跳了起来。于是，把炭化后的竹丝装进玻璃泡，通上电后，这种竹丝灯泡竟连续不断地亮了 1200 个小时！

这下，爱迪生终于松了口气，助手们纷纷向他祝贺，可他又认真地说道："世界各地有很多竹子，其结构不尽相同，我们应认真挑选一下！"助手深为爱迪生精益求精的科学态度所感动，纷纷自告奋勇到各地去考察。经过比较，在日本出产的一种竹子最为合适，便大量从日本进口这种竹子。与此同时，爱迪生又开设电厂，架设电线。过了不久，美国人便用上这种价廉物美，经久耐用的竹丝灯泡。

竹丝灯用了好多年。直到 1906 年，爱迪生又改用钨丝来做，使灯泡的质量又得到提高，一直沿用到今天。

爱迪生的这个发明，可是说改变了人们在这个世界的生活。当然，如果没有他的这项发明也会有别人发明。但是不知道还要等多久才会实现。

这个道理在科学界只是个常识，但却说明了没有勤奋与刻苦，爱迪生也不会成功地实现。

逐梦箴言

爱迪生用他的行动证明了他所说的话："所谓的天才，那都是假话，勤奋的工作才是实在的。"我们只有付出艰苦的劳动，不断地努力，善于动脑筋，坚持不懈，这样才能抵达成功的彼岸。

知识链接

托马斯·阿尔瓦·爱迪生(1847年－1931年)，美国发明家、企业家，拥有众多重要的发明专利，被传媒授予"门洛帕克的奇才"称号的他，是世界上第一个发明家利用大量生产原则和其工业研究实验室来生产发明物的人。他拥有2000余项发明，包括对世界极大影响的留声机，电影摄影机，和钨丝灯泡等。在美国，爱迪生名下拥有1093项专利，而他在美国、英国、法国和德国等地的专利数累计超过1500项。1892年创立通用电气公司。他是有史以来最伟大的发明家，迄今为止，世界上没有一个人能打破他创造的发明专利数世界纪录。

■ 小学徒的刻苦

我们的中学物理课本中的电学部分，总是要讲到电容的国际单位——法拉。这是用英国法拉第的名字命名的。也许你并不知道，法拉第只是一个只有小学文化基础的孩子。1791 年 9 月 22 日，法拉第出生在伦敦郊区纽因顿的一个贫穷的家庭。家中有 10 个孩子，而他的父亲只是个铁匠，家境不好。法拉第在学校只学会了读书写字就不再上学了。

13 岁时，法拉第就在一家印刷厂当了装订书籍的学徒。自此，他的强烈的求知欲从自觉开始了。他尽量挤出休息时间，贪婪地阅读他装订的一切书籍，力图把这些书的内容从头到尾读一遍。读过之后还工工整整地作读书笔记，有时候还临摹插图；有时候对照着书上的实验用一些简单器皿进行实验，仔细观察和分析实验结果，他把自己的阁楼变成了小实验室。他废寝忘食、如饥似渴地学习，在这家书店一待就是 8 年。他后来回忆这段生活时说："我就是在工作之余，从这些书里开始找到我的科学。这些书中有两种对我特别有帮助，一是《大英百科全书》，我从它第一次得到电的概念；另一是马塞夫人的《化学对话》，它给了我这门课的科学基础。"

从 1810 年开始，在哥哥资助下，法拉第听了十几次自然科学的通俗讲演，每次听后都重新誊抄笔记，并画下仪器设备图。1812 年 2 月至 4 月又连续听了当时著名的科学家戴维的讲座，从此燃起了进行科学研究的热望。他曾致信皇家学院院长求助。失败后，他写信给戴维："不管干什么都行，只要是为科学服务"。他还把他的装帧精美的听课笔记整理成《亨・戴维

爵士讲演录》寄上。他对讲演内容还作了补充，书法娟秀，插图精美，显示出法拉第一丝不苟和对科学的热爱。经过戴维的推荐。1813 年 3 月，24 岁的法拉第担任了皇家学院助理实验员。戴维后来把他发现和培养法拉第的过程，当做了最为自豪的功绩。

1813 年，法拉第随同戴维赴欧洲大陆作科学考察旅行。1815 年回国后，法拉第继续在皇家学院工作，长达 50 余年。1816 年，他发表了第一篇科学论文。

他最初从事化学研究工作，也涉足合金钢、重玻璃的研制。在电磁学领域，倾注了大量心血，取得出色成绩。1824 年，被选为皇家学会会员。1825 年，接替戴维任皇家学院实验室主任。1833 年，任皇家学院化学教授。

法拉第的文化基础不深，促使他工作异常勤奋，研究领域也很广泛。

1818 至 1823 年，他在研制合金钢期间，首创金属分析方法。

1823 年，他又从事气体液化工作，标志着人类系统进行气体液化工作的开始。采用低温加压方法，成功地液化了氯化氢、硫化氢、二氧化硫、氢等化学物质。

1824 年起，他又开始研制光学玻璃。这次研究，导致他利用自己研制出的一种重玻璃（硅酸硼铅），发现磁致旋光效应。

1825 年，他在把鲸油和鳕油制成的燃气分馏中发现苯。

他最出色的工作是电磁感应的发现和场的概念的提出。

1821 年，他在读过奥斯特关于电流磁效应的论文后，为这一新的学科领域深深吸引。而且，他刚刚迈入这个领域不久，就取得重大成果，发现了通电流的导线能绕磁铁旋转。这一发现让他从此跻身著名电学家的行列。因受苏格兰传统科学研究方法影响，通过奥斯特实验，他认为电与磁是一对和谐的对称现象。既然电能生磁，他坚信磁亦能生电。经过十年的探索，历经无数次失败后，1831 年 8 月 26 日，他终于获得成功。这次实验因为是用伏打电池在给一组线圈通电（或断电）的瞬间，在另一组线圈获得的感生电流，他称之为“伏打电感应”。尔后，同年 10 月 17 日，他完成了在磁体与闭合线圈相对运动时在闭合线圈中激发电流的实验，他称之为“磁电

感应”。经过大量实验后，他终于证实了“磁生电”的可能，为发电机的诞生，奠定了理论基础，从而宣告了一个新能源时代的到来。

做为那个时代伟大实验物理学家，法拉第他并不满足于现象的发现，还力求探索现象后面隐藏着的本质。他既十分重视实验研究，又格外重视理论创新的作用。1832 年 3 月 12 日他写给皇家学会一封信，信封上写有“现在应当收藏在皇家学会档案馆里的一些新观点”。那时的法拉第已经孕育着电磁波的存在以及光是一种电磁振动的杰出思想，尽管还带有一定的模糊性。为解释电磁感应现象，他提出“电致紧张态”与“磁力线”等新概念，同时对当时盛行的超距作用说产生了强烈的怀疑：“一个物体可以穿过真空超距地作用于另一个物体，不要任何一种东西的中间参与，就把作用和力从一个物体传递到另一个物体，这种说法对我来说，尤其荒谬。凡是在哲学方面有思考能力的人，决不会陷人这种谬论之中”。他开始向长期盘踞在物理学阵地的超距说宣战。与此同时，他还向另一种形而上学观点——流体说进行挑战。1833 年，他总结了前人与自己的大量研究成果，证实当时所知摩擦电、伏打电、电磁感应电、温差电和动物电等五种不同来源的电的同一性。他力图解释电流的本质，导致他研究电流通过酸、碱、盐溶液，结果在 1833 年至 1834 年的研究中，发现了电解定律，开创了电化学这一新的学科领域。他所创造的大量术语沿用至今。电解定律除本身的意义外，也是电的分立性的重要论据。

1837 年，他发现电介质对静电过程的影响，提出了以近距“邻接”作用为基础的静电感应理论。不久以后，他又发现了抗磁性。在这些研究工作的基础上，他形成了“电和磁作用通过中间介质、从一个物体传到另一个物体的思想。”于是，介质成了“场”的场所，场这个概念正是来源于法拉第。正如爱因斯坦所说，引入场的概念，是法拉第的最富有独创性的思想，是牛顿以来最重要的发现。牛顿及其他学者的空间，被视作物体与电荷的容器；而法拉第的空间，是现象的容器，它参与了现象。所以说法拉第是电磁场学说的创始人。他的深邃的物理思想，强烈地吸引了年轻的麦克斯韦。麦克斯韦认为，法拉第的电磁场理论比当时流行的超距作用电动力学更为合

理,他正是抱着用严格的数学语言来表述法拉第理论的决心闯入电磁学领域的。

法拉第坚信:“物质的力借以表现出的各种形式,都有一个共同的起源”,这一思想指导着法拉第探寻光与电磁之间的联系。1822 年,他曾使光沿电流方向通过电解波,试图发现偏振面的变化,没有成功。这种思想是如此强烈,执着的追求使他终于在 1845 年发现强磁场使偏振光的偏振面发生旋转。他的晚年,尽管健康状况恶化,仍从事广泛的研究。他曾分析研究电缆中电报信号迟滞的原因,研制照明灯与航标灯。

虽然法拉第只受过很少的正式教育,这使得他的数学程度相对有限,但不可否认,法拉第仍是历史上最伟大的科学家之一。他把电孕育成可用技术,为了纪念法拉第,电容值的国际单位被命名为法拉,此外,一莫耳的电子所含的电量(约 96485 库仑)也称为法拉第常数,让世人缅怀他在电学上无与伦比的贡献。法拉第电磁感应定律陈述一随时间改变的磁场会创造与磁场强度成正比的电动势。法拉第在英国皇家研究机构(Royal Institution)中任富勒里安化学教授,并指为终身职。在所有任过此职者中,法拉第为第一个,也是最为出名的学者。

一个只有小学文化的人,能取得如此辉煌的成就。恐怕只有法拉第做到了。也许法拉第开始时并没有想到,有一天自己会迈进皇家科学学会的殿堂。但是,法拉第的科学成就把他抬了进去。

当法拉第当选为皇家科学学会的会员时,他并没有惊喜若狂。他很平静,平静得令人疑惑。以至于有人说他是内心狂妄,也有人说他是内心冷漠。而不管怎么说他,都有一种酸溜溜的味道。

法拉第为什么这么平静,只有他自己知道。因为他能走进这个殿堂,并非是他努力奋斗,刻苦专研的目标,甚至他根本就没有想过。许多年的艰辛不是为了获得什么荣耀,而是为了科学的梦想。

我们许多人都有梦想,然而实现梦想则需要一个过程,要走很长很长的路。对于一个受到过高等教育的人来说,因为经历过由小学到大学的学习过程,接下来的研究是在有了一定的理论做为基础,因而要顺利一些。但

是对于只有小学文化教育的人来说，所要付出的代价，绝非是一般人所能承受下来的，没有相当强的自觉的，刻苦的学习精神为动力，很难坚持下来。

今天，我们的学习条件和生活的环境都要好于当年的法拉第。我们需要的是，坚定自己的信念，像法拉第那样，刻苦，再刻苦，追求梦想，实现梦想。

逐梦箴言

想要成为顶尖人士，就一定要持之以恒的练习、练习、再练习。有目的练习，要思考所学习到的知识或技能，对人类能够产生什么贡献。没有贡献就没有成果可言。这个世上没有所谓一出生就是天才的人，所谓的天才，不过是花费大量的时间与精力在技能的专研与精进所造就出来的。

知识链接

富兰克林与电学

富兰克林不但是美国的开国元勋，也是一位伟大的科学家，他在短短的10年中就发现了尖端放电现象，提出了“正电”和“负电”概念与电荷守恒定律，证明了人工电和雷电的同一性，设计出避雷针，并用莱顿瓶放电，首次使钢针磁化。这些工作无疑是当时物理学所取得的最大成就，打开了18世纪电学的广阔前景，特别是他对雷电的研究，使人类从对雷电的冥思苦想和畏惧中解放出来。19世纪德国著名科学家洪堡说：“从这个时代起，电学的发展由思辨物理学领域进入了对宇宙考虑的阶段，从幽深的书斋走进了自由的大自然界”。

“他从天空抓到雷电，从专制统治者手中夺回权力。”杜尔哥则如此评价富兰克林。

■ 不做买卖要读书

世界上有许多著名的科学家的家境是清贫的。他们在通往成功的道路上，都曾与困苦的境遇作过顽强的斗争。也许正是这种清贫，还倒是让他们越发地刻苦学习，认真做事。特别是一些人的少年时代，清贫激励他们立志向上，克服困难，刻苦学习和专研，最终促使他们的事业走向辉煌。牛顿的科学成就就是证明。

少年时代的牛顿家境是十分令人同情的，他生活在一个普通农民的家里。牛顿还没有出生时，父亲就去世了。母亲在他两岁那年改嫁了。当牛顿 14 岁的时候，他的继父也不幸故去了。牛顿被迫休学，和母亲回到家乡，帮助母亲种田过日子。母亲在想，虽然孩子没钱上不了学了，可是他还是要渐渐地长大。在将来的日子里，孩子应该有一个独立生存的能力。想来想去，他觉得让儿子学着做生意应该不错，既培养了儿子独立谋生手段，也锻炼他独立生存的能力。

开始的时候，母亲让牛顿跟着别人学着做经营农产品的买卖。每天一早，让他带上一些蔬菜或者是地里生长的什么，跟一个老仆人到十几里外的大镇子去做卖。

牛顿一个勤奋好学的孩子，不愿意离开学校去镇子里当小商贩。他伤心地哭闹了几次，母亲始终没有回心转意，没办法，他最后只得违心地按母亲的意愿去镇上蹲市场卖货。

也就是因为牛顿想读书，不喜欢卖货，所以没过几天，他就想出个办法

来。每天一到市场,他就把一切买卖事都交托老仆人去办。也就是每天一到市场,他就让老仆人自己蹲在那里卖货。而他却偷偷跑到一个地方去读书。老仆人也很喜欢牛顿爱读书的劲,总是一声不响地帮助牛顿把东西卖完。

时光很快,日子一天一天地过去了,牛顿越发对做买卖感到厌恶,心里所喜欢的只是读书。后来,牛顿索性连镇里都不去了。走到半路上,就把要卖的东西全都交给老仆人,让他自己去镇上卖货。怕家里人发觉,他每天与老仆人一同出去,走到半路在一棵大树下停下来,坐在树下读书。而当下午老仆人在镇上卖完货回来时,他再和老仆人一起回家。就这样,日复一日,大树下的读书生活让牛顿感到了其乐无穷。

一天,他正在篱笆下兴致勃勃地读书,赶巧舅舅上镇上过路这里。舅舅一看到牛顿坐在这里读书,而没去镇上市场卖菜,大发脾气。责骂牛顿不务正业,还伸手把牛顿的书抢了过来。可是当舅舅打开书一看,发现是一本数学书,上面还有牛顿读书时画上种种记号,他的心感动了。舅舅一把抱住牛顿,激动地说:"孩子,就按你的志向发展吧,你的正道应该是读书。"

回到家里后,舅舅竭力劝说牛顿的母亲,说这孩子这么喜欢读书,是一块读书做大学问的料,就别让他去做了。最终,妈妈接受了舅舅的建议,牛顿又回到学校读书了。

牛顿的这段故事很短,但很说明问题。穷人的孩子早当家,对于牛顿来说也许并不恰当。这不是牛顿的错,是科学知识太有魅力了。也许牛顿的舅舅看到了外甥未来的潜在发展,感觉到了外甥前途所在,但是我更相信的是,牛顿的舅舅为外甥刻苦学习的精神所打动。舅舅绝对不会想到,他说服了牛顿的妈妈,让外甥复学,不仅仅拯救了牛顿的命运,而且为这个世界输送了一颗科学巨星。

逐梦箴言

耐心与时间甚至比力量和激情更为重要。年复一年的挫折终将迎来收获的季节。所有已经完成的，或者将要进行的，都少不了那孜孜不倦、锲而不舍、坚忍不拔的拼搏过程。但是，生活总会苦尽甘来。

知识链接

艾萨克·牛顿爵士是人类历史上出现过的最伟大、最有影响的科学家，同时也是物理学家、数学家和哲学家，晚年醉心于炼金术和神学。他在1687年7月5日发表的不朽著作《自然哲学的数学原理》里用数学方法阐明了宇宙中最基本的法则——万有引力定律和三大运动定律。这四条定律构成了一个统一的体系，被认为是“人类智慧史上最伟大的一个成就”，由此奠定了之后三个世纪中物理界的科学观点，并成为现代工程学的基础。牛顿为人类建立起“理性主义”的旗帜，开启工业革命的大门。牛顿逝世后被安葬于威斯敏斯特大教堂，成为在此长眠的第一个科学家。

聪明者的刻苦

一个人的一生,可以从事许多方面的工作,特别是科学研究,分门别类的学科有点让人目不暇接。但是有的人,从小对会对某一项学科发生兴趣,进而在后来的成长中,刻苦学习,克服各种困难来实现自己的梦想。我们常常把这样的人称之为具体坚强的性格,坚定的决心和坚韧的毅力的人。威廉·拉姆塞就是这样的人。

拉姆塞 1852 年 10 月 2 日生于英国的格拉斯哥。他的父母结婚时,都已年近四十,自虑已没有生育子女的希望,没想到第二年就生下小拉姆塞。这让他从小就受到了良好的教育。拉姆塞 14 岁时,被格拉斯哥学院破格录取为大学生。

然而,良好的家庭环境和高质量的教育并没有让拉姆塞忘乎所以。他的学习极为刻苦。从小就把学习知识,当做了解答小伙伴们那些没完没了的问题的源泉。经常因为没能很好地解释伙伴们的问题而苦恼。所以不光是家里的书籍成了他的老师,就连邻居家的书籍也是他的好帮手。在没上大学之前,他家里自己的卧室就已经成了他的化学实验室。后来他的大学同学菲夫回忆说:“拉姆塞刚入大学时,我们并没有开设化学课,可是一到他家,你就会发现他卧室的四处都放着药瓶,瓶里装着酸类、盐类、汞那些化学试剂。那时我们才刚刚认识,印象中对他买化学药品和化学仪器很内行。我们知道,他一直在家中做各种实验。我们认识之后,常在他家会面,一起做实验,如制取氢、氧,由糖制草酸等。我们还自制了许多玻璃用具,自制了本生灯,拉姆塞是制造玻璃仪器的专家。我相信,学生时代的训练,对他的一

生大有好处,除了烧瓶和曲颈瓶以外,所有的仪器,都是我们自制的。”

拉姆塞孜孜以求的精神,成就了他的事业。他发现了诸多的惰性气体。而每一次的发现都是在非常细微的观察下取得的,我们把这些个发现的过程展示给大家,或许从中能得到一些启示。

氩的发现。瑞利是一名英国科学家,在物理气体方面的研究很有建树。一次偶然的机会,拉姆塞得知瑞利在进行大气成分的研究。拉姆塞在征得了瑞利的允许之后,也开始研究大气中氮的成分。

拉姆塞的研究方法是让空气在红热的镁上通过,让镁吸收空气中的氧和氮。经过反复作用,原空气体积的 79/80 都已被吸收,只余下 1/80。起初,拉姆塞认为余下的气体是氮的一种变种,可能是类似臭氧的物质,但经过精密的光谱分析发现,余下的气体,除了氮的谱线以外,尚有原来人们不知道的红色和绿色各种谱线,经克鲁克斯分析,剩余气体的谱线多达二百余条。

1894 年 5 月 24 日,拉姆塞给瑞利的信中与道:“您可曾想到,在周期表第一行最末的地方,还有空位留给气体元素这一事实吗? ”同年 8 月 7 日他给瑞利的信中又写道:“我想最好用我们两个人的名义发表,对于您的提议,我非常感谢,因为我觉得,一个幸运的机会,已经使我能够制取大量的Q,此外还有两种 X……”之后,正值英国科学协会在牛津开会,拉姆塞和瑞利向大会宣布,发现了一种惰性气体。与会学者都很吃惊,协会主席马登先生提议:将这一发现,定名为氩(Argon),即“懒惰的气体”。

氦的发现。元素氩发现以后,拉姆塞在他开发的领域继续深入研究。1895 年 3 月 17 日,他把他研究太阳元素氦的情况,写信给布卡南。他在信中说:“那种沥青铀矿经无机酸处理以后,放出的惰性气体,克鲁克斯认为它的光谱是新的,而我从处理方法上来看,我敢确定它不是氩,现在我们正忙于继续制取,数日以后,我希望能制得足量的做密度测定,我想,这也许就是我们寻求已久的氦吧。”不到一周,拉姆塞就证明了,这种物质是氦。

1895 年 3 月 24 日,拉姆塞在给他的夫人的信中写道:“先讲一个最新的消息吧,我把新气体先封入一个真空管,这样装好以后,就在分光器上看到它的光谱,同时也看到氩的光谱,这气体中是含有氩的,但是忽又见到一种深黄色的明线,光辉灿烂,和钠的光线虽不重合,可也相差不远,我惶惑

了，开始觉得可疑。我把这事告诉了克鲁克斯，直到星期六早晨，克鲁克斯拍来电报。电文如下：从钒铀矿中分离出的气体，为氩和氦两种气体的混和物。”

氪的发现。拉姆塞发现氩、氦两种气体以后，继续研究，又发现了氪、氖和氙。

拉姆塞继续发现的各种惰性气体，多得特拉弗斯的帮助，他们设法取得了1升的液态空气，然后小心地分步蒸发，在大部分气体沸腾而去之后，遗下的残余部分，氧和氮仍占主要部分。他们进一步用红热的铟和镁吸收残余部分的氧和氮，最后剩下25毫升气体。他们把25毫升气体封人玻璃管中，来观察其光谱，看到了一条黄色明线，比氦线略带绿色，有一条明亮的绿色谱线，这些谱线，绝对不和已知元素的谱线重合。

拉姆塞和特拉弗斯在1898年5月30日，把他们新发现的气体命名为氪（Krypton），意即隐藏的意思。他们当晚测定了这种气体的密度、原子量，同时发现，这种惰性气体应排在溴和铷两元素之间。为此，他们一直工作到深夜，特拉弗斯竟把第二天他自己要举行的博士论文答辩都忘得一干二净。

氖的发现。拉姆塞和特拉弗斯用减压法继续分馏残留空气，收集了从氩气中挥发出的部分，他们发现，这种轻的部分，“具有极壮丽的光谱，带着许多条红线，许多淡绿线，还有几条紫线，黄线非常明显，在高度真空下，依旧显著，而且呈现着磷光。”他们深信，又发现了一种新的气体，特拉弗斯说：“由管中发出的深红色强光，已叙述了它自己的身世，凡看过这种景象的人，永远也不会忘记，过去两年的努力，以及在全部研究完成以前所必须克服的一切困难，都不算什么。这种未经前人发现的新气体，是以喜剧般的形式出现的，至于这种气体的实际光谱如何，目前尚无关紧要，因为我们就要看到，世界上没有别的东西，能比它发出更强烈的光来。”

拉姆塞有个儿子名叫威利，那年十三岁。十三岁的威利向父亲建议，他说：“这种新气体您打算怎么称呼它，我倒喜欢用nove这个词。”拉姆塞赞成他儿子的提议，但他认为不如改用同义的词neon，这样读起来更好听。就这样，1898年6月，新发现的气体氖就确定了名称，它含有“新奇”的意思。以后氖成了霓虹灯的重要材料。

1898年7月12日，由于他们有了自己的空气液化机，从而制备了大量的氪和氖，把氖反复分次萃取，又分离出一种气体，命名为xenon(氙)。含有"陌生人"的意思。

拉姆塞告诫他的学生，做学问应当"多看、多学、多试验，如取得成果，绝不炫耀。在学习和研究中要顽强刻苦地坚持，一个人如果怕费时、怕费事，则将一事无成。"

毫无疑问，拉姆塞是一位极有天赋的科学家。但是，正像他告诫他的学生"要多看、多学、多实验"那样，"顽强刻苦地坚持"科学研究，才会取得成果。

从古至今，所有的科学研究成果，无一不和刻苦二字相联，可以说，没有刻苦，什么科学研究，什么改造世界，什么改善生活，一切都无从谈起。我们这个世界需要科学家们的刻苦，也需要整个人类的刻苦。应该说：刻苦是改善我们生活质量的前提。

逐梦箴言

成功没有秘诀，贵在坚持不懈。任何伟大的事业，成于坚持不懈，毁于半途而废。其实，世间最容易的事是坚持，最难的，也是坚持。说它容易，是因为只要愿意，人人都能做到；说它难，是因为能真正坚持下来的，终究只是少数人。巴斯德有句名言"告诉你使我达到目标的奥秘吧，我唯一的力量就是我的坚持精神。"

知识链接

英国格拉斯哥国际学院

格拉斯哥大学成立于1451年，是英国最古老的大学之一。大学有18个专业排名前十，科目齐全，拥有一百多个系。拥有英国大学第一个土木工程系、造船系和医学院。

格拉斯哥大学是Russell Group的成员大学之一，也是Universitas 21的创始大学之一。全英教学软硬件设施最强大学之一。

智慧心语

业精于勤，荒于嬉；行成于思，毁于随。

——韩愈

哪里有天才，我是把别人喝咖啡的功夫，都用在工作上的。

——鲁迅

勤能补拙是良训，一分辛劳一分才。

——华罗庚

攀登顶峰，这种奋斗的本身就足以充实人的心。人们必须相信，垒山不止就是幸福。

——加缪

在天才和勤奋之间，我毫不迟疑地选择勤奋。她几乎是世界上一切成就的催生婆。

——爱因斯坦

第六章

自信是力量

导读

自信,是一个相信自我的决心,是一种自我意识和肯定。一个人,无论做什么事情,如果有足够的自信,就会迸发强大的激情,就会义无反顾地完成自己的事业。相反,一个人做事情如果没有自信,或者是自信不足,那他就要摔跟头,甚至失败。

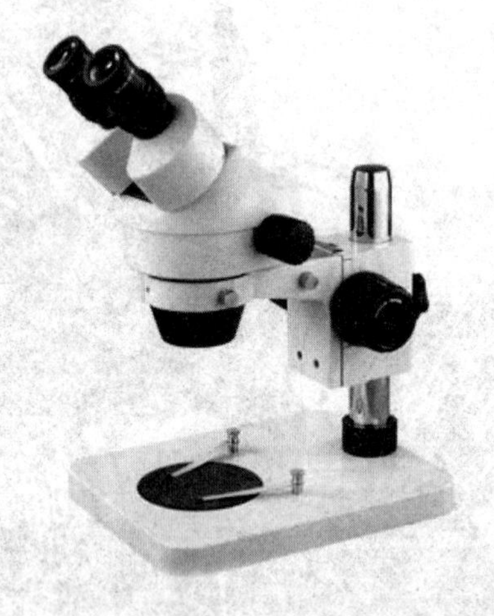

请相信我们自己

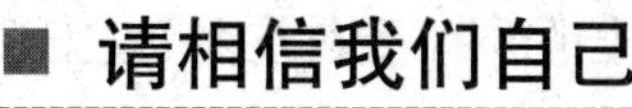

无自信就要失败，我们这么说决不是危言耸听。因为自信代表着一个人对自我能力的判断。如果这个判断不准确，那当然会犯错误，甚至可能是很低级的错误。

需要指出的是，自信不是自傲。自信是有根据的逻辑思维，而自傲是盲目的偏离理性的心理。两者之间有着截然不同的因果关系。纵观古今中外的科学家们，他们的成功无一不是在自信的基础上完成的。因此我们说，自信会导致事业的成功，而自傲将导致事业走上斜路上去。每一位成功的科学家都有严谨的科学态度和坚定的自信心，其中严谨的科学态度是成功之本，而坚定的自信心则是成功的力量。也正是这种力量，支持着科学研究走上了艰辛而广阔的山顶。

邓稼先，两弹一星的功勋科学家。1959 年 6 月，苏联撕毁了合同，撤走了专家。面对如此困难的境地，邓稼先对他的同事们说："请相信我们自己，一定能研制出我们自己的原子弹！"

1924 年 6 月 25 日，邓稼先出生于安徽怀宁县一个书香门第之家。他的祖父是清代著名书法家和篆刻家，父亲是著名的美学家和美术史家。邓稼先很小的时候，随同父母来到北京。1937 年"七七"事变后，全家滞留北京，邓稼先随姐姐赴四川江津读完高中。1941 年至 1945 年在西南联大物理系学习，受业于王竹溪、郑华炽等著名教授。抗战胜利后，邓稼先又回到北京，在北京大学物理系任教。

1948年10月，邓稼先赴美国印第安那州普渡大学物理系读研究生，1950年获物理学博士学位。在他取得学位后的第九天，便登上了回国的轮船。

回国后，邓稼先在中国科学院近代物理研究所任助理研究员，从事原子核理论研究。1958年8月调到新筹建的核武器研究所任理论部主任，负责领导核武器的理论设计，随后任研究所副所长、所长，核工业部第九研究设计院副院长、院长，核工业部科技委副主任，国防科工委科技委副主任。

1958年秋，当时的二机部副部长钱三强找到邓稼先，说“国家要放一个大炮仗”，征询他愿不愿意参加这项工作。钱三强告诉邓稼先，这是一项必须严格保密的工作，就是父母妻子儿女都不能告诉，而且还要到外地工作，不能通信，不能随意接触外人。

邓稼先知道这是祖国对他的信任，他当即表示同意。

回到家里，邓稼先对妻子只说了自己“要调动工作”，不能再照顾家和孩子，通信也困难。妻子明白，丈夫肯定是从事对国家有重大意义的工作，这样的事情她怎么会有半点犹豫呢！从此，邓稼先的名字便在刊物和对外联络中消失，他的身影只出现在严格警卫的深庭大院和茫茫的大漠戈壁。

邓稼先就任二机部第九研究所理论部主任后，先挑选了一批大学生，准备有关俄文资料和原子弹模型。1959年6月，苏联政府单方面终止了原有协议，我们的原子弹研究工作被迫暂时停了下来。中国政府下决心自己动手，研制原子弹、研制氢弹，造出自己的人造卫星。面对中央的决定和争口气的决心，邓稼先对同事们说：

“请相信我们自己，一定能造出我们自己的原子弹！”

按照上级的分工，邓稼先担任了原子弹的理论设计负责人后，一面部署同事们分头研究计算，自己也带头攻关。在遇到一个苏联专家留下的核爆大气压的数字时，邓稼先在周光召的帮助下以严谨的计算推翻了原有结论，从而解决了关系中国原子弹试验成败的关键性难题。数学家华罗庚后来称，这是“集世界数学难题之大成”的成果。

中国研制原子弹正值三年困难时期，尖端领域的科研人员虽有较高的

粮食定量，却因缺乏油水，仍经常饥肠响如鼓。邓稼先从岳父那里能多少得到一点粮票的支援，却都用来买饼干之类，在工作紧张时与同事们分享。就是在这样艰苦的条件下，他们日夜加班。“粗估”参数的时候，要有物理学的直觉意识；昼夜不断地筹划计算时，要有数学计算见解；决定方案时，要有勇进的胆识和稳健的判断。可是理论是否准确永远是一个问题。不知道他在关键性的方案上签字的时候，手有没有颤抖。

在他的带领下，同事们在核物理、理论物理、中子物理、等离子体物理、统计物理和流体力学等方面的研究并取得突出成果。自 1958 年开始，他组织领导了开展爆轰物理、流体力学、状态方程、中子输运等基础理论研究，对原子弹的物理过程进行大量模拟计算和分析，从而迈开了中国独立研究设计核武器的第一步，领导完成了中国第一颗原子弹的理论方案，并参与指导核试验前的爆轰模拟试验。

然而，这些研究论证的理论毕竟要经过实践的检验。因此，邓稼先不仅要在秘密科研院所里费尽心血，还要经常到飞沙走石的戈壁滩上的试验场去检验他们的理论成果。无论是酷暑严寒，邓稼先在试验场度过了整整 8 年的单身汉生活，有 15 次在现场领导核试验，从而掌握了大量的第一手材料。

1964 年 10 月，当远在戈壁大漠里的罗布泊升起蘑菇云的时候，很少有人知道，就在爆炸试验成功后，邓稼先还率领研究人员迅速进入爆炸现场采样，以证实效果。

原子弹爆炸成功之后，中央又决定进行氢弹的研究。面对这样新的任务，邓稼先与于敏等科学家又投入对氢弹的研究。按照他们俩人制订的方案，他们最后终于制成了第一枚氢弹，并于原子弹爆炸后的两年零八个月试验成功。这与法国用 8 年、美国用 7 年、苏联用 10 年的时间相比，创造了世界上最快的速度。

在第一颗原子弹爆炸成功之后，邓稼先和周光召合写的《我国第一颗原子弹理论研究总结》，这是一部核武器理论设计开创性的基础巨著，它总结了百位科学家的研究成果。这部著作不仅对以后的理论设计起到指导

作用,而且还是培养科研人员入门的教科书。

此外,邓稼先对高温高压状态方程的研究也做出了重要贡献。为了培养年轻的科研人员,邓稼先还编写了《电动力学》《等离子体物理学》《球面聚心爆轰波理论》等许多讲义,即使在担任中国科学院核物理研究院院长重任以后,他还在工作之余着手编写"量子场论"和"群论"。

1972年,邓稼先担任核物理研究院副院长,1979年又任院长。1984年,他在大漠深处指挥中国第二代新式核武器试验成功。翌年,他的癌细胞扩散已无法挽救,他在国庆节提出的要求就是去看看天安门。1986年7月29日,这位功勋卓著的科学家去世了。他临终前留下的话仍是如何在尖端武器方面努力,并叮咛:"不要让人家把我们落得太远……"

邓稼先,作为中国科学家的优秀代表,为了祖国的强盛,为了国防科研事业的发展,他甘当无名英雄,默默无闻地奋斗了数十年。他常常在关键时刻,不顾个人安危,出现在最危险的岗位上,充分体现了他崇高无私的奉献精神。他在中国核武器的研制方面做出了卓越的贡献,却鲜为人知,直到他死后,人们才知道了他的事迹。他的信念来自于对祖国的忠诚,他的自信,来源于追求科学的真理。我们不该,也不会忘记他!

逐梦箴言

"请相信我们自己,一定能造出我们自己的原子弹!"志当存高远的邓稼先,为增强祖国的国防力量,以研制中华民族自己的原子弹和氢弹为一生追求的目标,励精图治,拼搏奉献。他不求生前死后名,忠诚报国的豪言壮语和崇高理想,不仅掷地有声,更切实地扎根在生命土壤中,存在于对祖国和人民无限热爱的事业中。理想和必胜的信念,永远是我们奋勇前行的助力器。

知识链接

中国第一颗原子弹爆炸成功的意义

1964 年 10 月 16 日 15 时(北京时间),我国第一颗原子弹在新疆罗布泊爆炸成功。

中国核试验成功,是中国人民加强国防、保卫祖国的重大成就,也是中国人民对于保卫世界和平事业的重大贡献。

两个小时后,周恩来总理在人民大会堂接见大型音乐舞蹈史诗《东方红》的演职人员时宣布了这一特大喜讯。《人民日报》刊出号外庆祝我国第一颗原子弹爆炸成功,中央人民广播电台连续播放我国第一颗原子弹爆炸成功的《新闻公报》,消息很快传遍全中国、全世界。

原子弹爆炸当晚,我国政府发表声明指出,毛泽东主席有一句名言:"原子弹是纸老虎"。过去我们这样看,现在我们仍然这样看。中国发展核武器,不是由于中国相信核武器的万能,要使用核武器。恰恰相反,中国发展核武器,是为了打破核大国的核垄断,是为了防御。中国政府郑重承诺:中国在任何时候、任何情况下,都不会首先使用核武器。

这颗原子弹爆炸后,中国成为了继美、苏、英、法之后的第五个核国家,而这五个国家正好是联合国安理会五个常任理事国成员。由此可知中国这颗原子弹的爆炸成功该有多么重要的意义。

■ 我知道命运掌握在我自己的手中

1875年6月2日傍晚,贝尔先生在自己的实验室里继续着他的实验。一个不小心,把瓶内的硫酸溅到了自己的腿上。专心的疼痛让他大声喊叫起来:

"沃特森先生,快来帮我啊!"

谁都没有想到,这一句极普通的话,竟成了人类通过电话传送的第一句话音。正在另一个房间工作的贝尔先生的助手沃特森,成为第一个从电话里听到电话声音的人。

当贝尔在得知自己试验的电话已经能够传送声音时,热泪盈眶。当天晚上,他写给母亲的信中预言:"朋友们各自留在家里,不用出门也能互相交谈的日子就要到来了!"

当时贝尔28岁,沃特森21岁。他们最初成功的试验结束后,并没有放下实验。而是趁热打铁继续不停地制作成型的电话机,不断改进,不断完善。终于在几个月后,制成了世界上第一台可实用的电话机。1876年3月3日,在贝尔先生29岁生日的这一天,他的专利申请被批准。

1847年3月3日, 亚历山大·格拉汉姆·贝尔出生在苏格兰的爱丁堡。他的父亲是一位嗓音生理学家,并且是矫正说话、教授聋人的专家。

1862年,贝尔进入著名的爱丁堡大学,选择语音学作为自己的专业。

1867年,贝尔毕业后又进伦敦大学攻读语言学。就在此时,英国发生大规模肺病,贝尔先后失去了两个兄弟,其父带着全家迁居加拿大以躲避

瘟疫。

1869年,22岁的贝尔受聘为美国波士顿大学语言学教授,担任声学讲座的主讲。

在莫尔斯电报发明后的20多年里,无数科学家试图直接用电流传递语音,贝尔也把发明电话作为自己义不容辞的责任。但是,由于电话是传递连续的信号而不是电报那样不连续的通断信号,在当时的难度好比登天。贝尔曾试图用连续振动的曲线来使聋哑人看出“话”来,没有成功。但在实验中发现了一个有趣现象:每次电流通断时线圈发出类似于莫尔斯电码的“滴答”声,这引起贝尔大胆的设想:如果能用电流强度模拟出声音的变化不就可以用电流传递语音了吗?随后的两年内贝尔刻苦用功掌握了电学,再加上他扎实的语言学知识,使他如同插上了翅膀。他辞去了教授职务,一头扎入发明电话的试验中。在万事俱备只缺合作者时他偶然遇到了18岁的电气工程师沃特森。两年后,经过无数次失败后他们终于制成了两台粗糙的电话样机:圆筒底部的薄膜中央连接着插入硫酸的碳棒,人说话时薄膜振动改变电阻使电流变化,在接收处再利用电磁原理将电信号变回语音。但不幸的是试验失败了,两人的声音是通过公寓的天花板而不是通过机器互相传递的。

正在他们冥思苦想之时,窗外吉他的丁冬声提醒了他们:送话器和受话器的灵敏度太低了!他们连续两天两夜自制了音箱、改进了机器。然后开始实验,刚开始沃特森只从受话器里听到嘶嘶的电流声,突然,他听到了贝尔清晰的声音:“沃特森先生,快来帮我啊!”正如前面的叙述那样,就是这一句喊叫,电话机终于诞生了。

在此后的两年时间里,贝尔和活特森两个人继续对电话进行改进,同时抓住一切时机进行宣传。终于在1878年,贝尔在波士顿,沃特森在纽约,相距300多公里之间首次进行了长途电话实验。与34年前莫尔斯发明电报一样,他们取得了成功。所不同的是他们举行的是科普宣传会,双方的现场听众可以互相交谈。中途出了个小小的问题:表演最后节目的黑人民歌手听到远方贝尔的声音后紧张得出不了声,急中生智的贝尔让沃特

森代替，沃特森鼓足勇气的歌声使双方的听众不时传来阵阵掌声和欢笑声，试验圆满成功。

1877年，也就是贝尔发明电话后的第二年，在波士顿设的第一条电话线路开通了，这沟通了查尔期·威廉期先生的各工厂和他在萨默维尔私人住宅之间的联系。

也就在这一年，有人第一次用电话给《波士顿环球报》发送了新闻消息，从此开始了公众使用电话的时代。

贝尔的一生主要成就是发明了电话。此外，他还制造了助听器；改进了爱迪生发明的留声机；他对聋哑语的发明贡献甚大；他写的文章和小册子超过100篇。从1875年到1922年间，他从美国政府那里就取得了30项专利权。

由于这许多发明创造，贝尔在1876年接受了费城万国博览会百年纪念奖证书，同年他还获得波士顿大学理学博士学位。次年，他又获得五万法郎的伏尔泰奖金，并成为法国荣誉军团的成员。为了纪念贝尔的功绩，将电学和声学中计量功率或功率密度比值的一种单位命名为“贝尔”。

1972年，贝尔逝世于加拿大巴德克，享年95岁。

“我知道命运掌握在我自己的手中，我知道巨大的成功马上就要到来。”贝尔曾自信地向世界这样宣告。

或许你会问：贝尔为何如此自信？还是那样的回答，因为是科学的思维和理性的专研。

其实我们不必怀疑那些科学家们的自信。没有自信就不会有科学研究，更谈不上科学发展。如果换个角度来看，科学研究是人类社会发展的必然要求。事实上，在人类走出森林之前，在人类懂得使用工具狩猎的时代，人类的科技活动就已经开始。只是那个时代，人们的研究目的还停留在很原始的实用状态而已。人们那个时候就有了自信。因为他们相信，自己将木棍削成尖会很锋利，在与野兽的搏斗中能获取更大的胜利。

人类社会发展到今天，建立起人们的自信，更是我们迎接挑战，战胜困难首要前提。而建立自信，首先的是要战胜自我，这又是建立自信意识的

前提。因此说战胜自我,才是建立自信的根本。

那么如何战胜自己呢? 在众多的因素中,最重要的是掌握大量的科学知识,起码在课题研究方面,做到知己知彼。没有足够的知识含量,那是很难做到这一点的。离开了科学知识支持的自信,那不是自信,而是无知。而无知者做事,只有一个结果:什么也做不成。

逐梦箴言

前人栽树,后人乘凉。在我们享受科学技术带来的生活便利的同时,不能忘记是无数像贝尔那样的科学家,是他们经过不懈地努力,用自信和知识撑起了科学发展光辉灿烂的天空。自信确立在不断的学习知识和实践应用中,总结的客观规律中。自信确立在人类战胜不思进取的惰性,不断累积的勇气和必胜的信念里!

知识链接

有关电话发明的争执

贝尔和助手多次改进,制成了永磁式电话机,申请了专利。有趣的是,两小时以后,发明家格雷也为自己的电话机申请专利。1876 年大发明家爱迪生发明了炭精式送话器,也获得了发明专利权。炭精式送话器比贝尔永磁式送话器更灵敏。故现代的电话机,基本上是爱迪生送话器与贝尔受话器的结合。今天电话已成为人们日常生活中必不可少的通信工具。电话的种类亦名目繁多,但电话的基本原理仍然没有改变。

■ 我对国家很有信心，对自己也很有信心

丁洪，中科院物理所研究员，北京凝聚态国家实验室首席科学家。2008年，作为国家“千人计划”首批引进的高端人才，在美国学习工作18年的他辞去终身教授职位，回到祖国。

回国后的短短几年，他在铁基高温超导体研究中取得了令国际同行瞩目的成就。

虽然非常辛苦，但也很充实。高温超导体，对大多数人而言是一个深奥的名词。这种在工业、国防等领域有着重要作用的材料，就是丁洪的研究对象。

2008年，丁洪刚刚回国，恰逢一种新型高温超导体——铁基高温超导体被发现。眼光敏锐的丁洪抓住了这一机遇。

铁基超导体拓宽了人们对凝聚态物质研究的视野，其超导机理却是一个未解的难题。丁洪带领团队利用角分辨光电子能谱技术，发现了铁基超导体中依赖费米面的无节点的超导能隙。这被国际上认为是对铁基超导体S－波对称性的建立具有奠基性意义的工作。“那次发表的文章，在学界影响很大，三年里已被引用400多次。”丁洪对这项成果感到非常自豪。

此后，丁洪小组和多个研究小组合作对铁基超导体进行了更深入的研究，取得了一系列重要研究成果。三年内，他在国际重要杂志上发表了30多篇学术论文，比在国外发表的频率还要高。

然而成功并非一蹴而就。丁洪在国外已经从事了十几年的高温超导

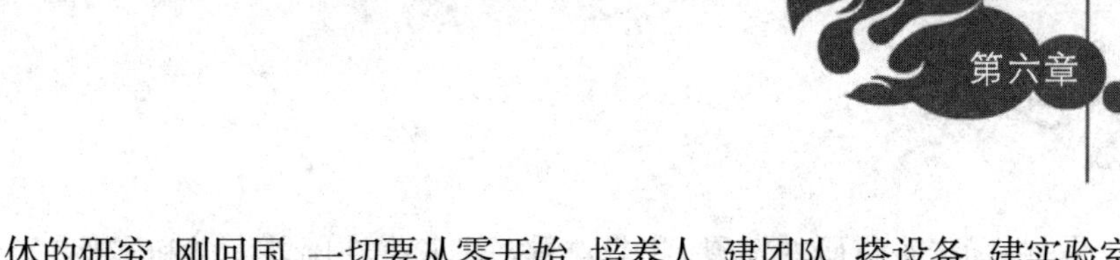

体的研究，刚回国，一切要从零开始，培养人、建团队、搭设备、建实验室。在打基础的阶段，他的头发白得很快。

“最大困难是很难招到好的博士后研究人员，因为大部分优秀的博士毕业生都在国外做博士后。”对此，丁洪的解决方法是招收和培养好的研究生，并聘用一些年轻的正式研究人员。

如今，丁洪的团队日益壮大，科研设备的研发进展也很顺利，但他的工作依然忙碌紧张：“我们正在上海同步辐射光源上建设一条性能指标世界最先进的光束线站，大概明年 7 月建成。我还参与了多个国家大型科学设施的设计与规划。”

“虽然非常辛苦，但也很充实。”丁洪说。

现在看来，回国是很正确的。丁洪决定回国时，有人曾对他说，应该留一条“后路”，全职回国的风险很大。但丁洪说：“要是连这一点信心都没有的话，我就不要回来了。”

2007 年 11 月，一个来自祖国的电话，使丁洪原本平静的美国大学教授生活泛起了一丝涟漪。那是来自中国科学院物理研究所邀请加盟的电话。

当时，丁洪已经在美国工作生活了 18 年，从博士、博士后、助理教授、副教授，一直做到了正教授。在这次通话中，中科院物理所把他在加盟之后的科研环境、工资待遇等问题全盘托出，优厚的条件让丁洪有些吃惊。

“物理所的领导跟我说，可以过来看看情况再决定。”在物理所的大力邀请下，丁洪回国考察，不仅了解了物理所发展尖端科技的决心和远见，也看到了国内科研条件的改善，祖国未来发展的强劲态势。

“回来主要是因为看好中国的发展前景，特别是看好中国对于基础科学支撑力度的持续增长和未来走势。”他说，“中科院物理所提供的有利条件和学术氛围，也非常吸引人。”

丁洪动心了。

他是个一旦做出决定就立刻付诸实践的人。拒绝了美国大学的高薪挽留和香港大学的邀请，他连搬家、房子处理、孩子上学的问题都未多加考虑，很快就全职回国。

"对中国未来科研的发展，我非常看好。"长期在国外大学和实验室工作的经历让丁洪对国内科研水平的提升和科研氛围的改善有很多自己的想法。

"目前国内的课题大都时间比较短，而且经常考评，这很难让科研人员静下心来做研究。科学研究特别是基础研究不能急功近利，要创造'十年磨一剑'的宽松环境。"他说。

他还建议要给科研人员更多自主权，并鼓励科研人员努力转化成果。"美国的许多创新型企业都是从高校和科研机构中出来的。这方面，国家应加大支持力度，在制度上鼓励和保障科研人员将自己的研发成果有效地转化成生产力。"

在丁洪的团队里年轻人很多，对年轻人的培养他不遗余力。

"目前我国教育过于重视知识积累和应试教育，对创新思维和创新人才的培养不够。"

他认为，应改革人才教育培养方式，给年轻科研人员一个开放的空间和宽松的环境。他还希望建立一批世界一流的学术组和实验室，让年轻人积极参与到国际科研的氛围中。

作为第一批全职回国的高端人才，他希望自己的选择能够影响和带动更多的海外人才回到祖国。

"别人问我螃蟹好吃不好吃，我说，你们都知道螃蟹是很好吃的。"丁洪笑着说，"对中国未来科研的发展，我非常看好。"

丁洪回国，除了相信祖国给予他的条件之外，至少还说明了一个问题，那就是他的自信。

第一，他自信对祖国的未来发展的判断。一个还在发展中的中国，有太大可以施展抱负的空间了。在这个空间里去奋斗，将与祖国的命运连在一起，也可以实现更多的梦想。

第二，他自信自己会对祖国做出新的贡献。因为他研究的项目是学科中的新领域，自己可以在研究中毫无顾忌地发挥想象，如在一片大海中去开辟新的航线，使命是重大的，意义是深刻的，前景确是广阔的，因此动力

也是十足的。可以凭借自己扎实的科学技术理论投入到这个领域,并能够拿出成果来。

正是因为他拥有执着的信念、创新的意识和自信的精神产,我们相信,他会在自己科学研究的道路上取得非凡的成就。

逐梦箴言

自信不等于盲目乐观和草率决定。丁洪放弃国外优厚的待遇,毅然回国投入铁基高温超导体研究,并取得了令人瞩目的成就,这份自信主要是源于他对国内科研水平的提升和科研氛围的改善的不断观察和正确判断。"选择须有方",你要有良好的品味和敏锐的判断能力,只靠智力和能力运用是不够的。没有明察和对选择的正确把握就不可能有完美的结果。

知识链接

国家"千人计划"

中央人才工作协调小组关于实施(中央层面)"海外高层次人才引进计划"简称"千人计划"。主要是围绕国家发展战略目标,从 2008 年开始,用 5 到 10 年,在国家重点创新项目、重点学科和重点实验室、中央企业和国有商业金融机构、以高新技术产业开发区为主的各类园区等,引进 2000 名左右人才并有重点地支持一批能够突破关键技术、发展高新产业、带动新兴学科的战略科学家和领军人才回国(来华)创新创业。同时,各省(区、市)也结合本地区经济社会发展和产业结构调整的需要,有针对性地引进一批海外高层次人才,即地方"百人计划"。

自信的深意

李开复,美国华裔科学家,微软中国研究院院长。由于他很年轻,又在语音识别、人工智能、三维图形和国际互联网多媒体等领域享有很高声誉,使得他的成功经验和治学精神,引起了我国许多青年尤其是大学生的广泛关注。

在与我国年轻人的交往过程中,李开复归纳出了一些大家共同关心的问题,并结合自己的学习和工作经历,坦诚相见,直抒胸臆,写成了几封给我国学生的长信。他在信里谈到了如何自信的问题,很有见地,一定会给我们带来启迪。这是第三封信的部分内容,写于 2004 年 5 月。

自信是自觉而非自傲。自信的人敢于尝试新的领域,能更快地发展自己的兴趣和才华,更容易获得成功。自信的人也更快乐,因为他不会时刻担心和提防失败。

很多人认为自信就是成功。一个学生老得第一名,他有了自信。一个员工总是被提升,他也有了自信。但这只是一元化的成功和一元化的自信。

其实,自信不一定都是好事。没有自觉的自信会成为自傲,反而会失去了别人的尊重和信赖。好的自信是自觉的,即很清楚自己能做什么,不能做什么。自觉的人自信时,他成功的概率非常大;自觉的人不自信时,他仍可努力尝试,但会将风险坦诚地告诉别人。自觉的人不需要靠成功来增强自信,也不会因失败而丧失自信。

自信的第一步:不要小看自己,多给自己打气。

“自”信的关键在于自己。如果你自己总认为自己不行,你是无法得到自信的。例如,马加爵曾说:“我觉得我太失败的,同学都看不起我……很

多人比我老练，让我很自卑。”虽然马加爵很聪明也很优秀，但他从没有真正自信过。

自信的秘密是相信自己有能力。中国古谚：“天生我才必有用”，“一枝草，一点露”，每个人都有自己的特性和长处，值得看重和发挥。我记得我11岁刚到美国时，课堂上一句英语都听不懂，有一次老师问“1/7换算成小数等于几？”我虽然不懂英文，但认得黑板上的“1/7”，这是我以前“背”过的。我立刻举手并正确回答了这个问题。不会“背书”的美国老师诧异地认为我是个“数学天才”，并送我去参加数学竞赛，鼓励我加入数学夏令营，帮助同学学习数学。她的鼓励和同学的认可给了我自信。我开始告诉自己，我有数学的天分。这时，我特别想把英文学好，因为只有这样才能学习更多的数学知识。这种教育方式不但提高了我的自信，也帮助我在各方面取得了长足的进步。

中国式教育认为人的成长是不断克服缺点的过程，所以老师更多是在批评学生，让学生弥补最差的学科。虽然应把每科都学得“足够好”，但人才的价值在于充分发挥个人最大的优点。美国盖洛普公司最近出了一本畅销书《现在，发掘你的优势》。盖洛普的研究人员发现：大部分人在成长过程中都试着“改变自己的缺点，希望把缺点变为优点”，但他们却碰到了更多的困难和痛苦；而少数最快乐、最成功的人的秘诀是“加强自己的优点，并管理自己的缺点”。“管理自己的缺点”就是在不足的地方做得足够好，“加强自己的优点”就是把大部分精力花在自己有兴趣的事情上，从而获得无比的自信。

凌志军的《成长》一书里还有很多得到自信的例子：微软亚洲工程院院长张宏江说他从小就“相信我是最聪明的。即使再后来的日子里我常常不如别人，但我还是对自己说：我能比别人做得好”；微软亚洲研究院的主任研究员周明小时候在“学生劳动”中刷了108个瓶子，打破了纪录，从而获得自信。他说：“我原来一直是没有自信心的，但是这件事给了我自信。这是我一生中最快乐的经验，散发着一种迷人的力量，一直持续到今天。我发现了天才的全部秘密，其实只有6个字：不要小看自己。”

自信是一种感觉，你没有办法用背书的方法“学习”自信，而唯一靠“学习”提升自信的方法是以实例“训练”你的大脑。要得到自信，你必须成为

自己最好的拉拉队，每晚入睡前不妨想想，今天发生了什么值得你自豪的事情？你得到了好的成绩吗？你帮助了别人吗？有什么超出了你的期望吗？有谁夸奖了你吗？我相信每个人每天都可以找到一件成功的事情，你会慢慢发现，这些"小成功"可能会越来越有意义。

有个著名教练在每次球赛前，总会要求队员回忆自己最得意的一次比赛。他甚至让队员把最得意的比赛和一个动作（如紧握拳头）联系起来，以便使自己每次做这个动作时，就会下意识地想到得意的事，然后在每次比赛前反复做这个动作以"训练"大脑，提升自信。

希望同学们都能成为自己最好的拉拉队，同时多结交为你打气的朋友，多回味过去的成功，千万不要小看自己。

自信的第二步：用毅力、勇气，从成功里获得自信，从失败里增加自觉。当你感觉到自信时，无论多么小的成功，你都会特别期望再一次得到自己或别人的肯定，这时，你需要有足够的毅力。只要你有毅力，就会像周明所说的那样，"什么事情只要我肯干，就一定可以干好。你能学会你想学会的任何东西，这不是你能不能学会的问题，而是你想不想学的问题。如果你对自己手里的东西有强烈的欲望，你就会有一种坚韧不拔的精神，尤其当你是普通人的时候。"

有时，你可能没做过某一件事，不知道能不能做成。这时，除了毅力外，你还需要勇气。我以前在工作中，一般的沟通没有问题，但到了总裁面前，总是不敢讲话，怕说错话。直到有一天，公司要做改组，总裁召集十多个人开会，他要求每个人轮流发言。我当时想，既然一定要讲，那不如把心里话讲出来。于是，我鼓足勇气说："我们这个公司，员工的智商比谁都高，但是我们的效率比谁都差，因为我们整天改组，不顾到员工的感受和想法……"我说完后，整个会议室鸦雀无声。会后，很多同事给我发电子邮件说："你说得真好，真希望我也有你的胆子这么说。"结果，总裁不但接受了我的建议，改变了公司在改组方面的政策，而且还经常引用我的话。从此，我充满了自信，不惧怕在任何人面前发言。这个例子充分印证了"你没有试过，你怎么知道你不能"这句话。

有勇气尝试新事物的同时，也必须有勇气面对失败。大家不能只凭匹

夫之勇去做注定要失败的事。但当你畏惧失败时，不妨想一想，你怕失去什么？最坏的下场是什么？你不能接受吗？在上面的例子中，如果总裁否定了我的看法，他会不尊重我吗？不但不会，别人很可能还会认为我勇气可嘉。而且，自觉的人会从失败中学习，认识到自己不适合做什么事情，再提升自己的自觉。因此，不要畏惧失败，只要你尽了力，愿意向自己的极限挑战，你就应为自己的勇气而自豪。

一个自信和自觉的人，如果能勇敢地尝试新的事物，并有毅力把它做好，他就会从成功里获得自信，从失败里增加自觉。

自信的第三步：自觉地定具体的目标，虚心地听他人的评估。培养自信也要设定具体的目标，一步步地迈进。这些目标也必须是可衡量的。我曾把我在总裁面前发言的例子讲给我女儿听，因为她的老师认为她很害羞，在学校不举手发言，我希望鼓励她勇于发言。她同意试一试，但她认为只有在适当的时候，有最好的意见时才愿意发言。但是，我认为有了"最好的意见"这个主观的评估，目标就很难衡量。于是，我和她制订了一个可衡量的、实际的目标：她每天举一次手，如果坚持一个月就有奖励。然后，我们慢慢增加举手的次数。一年后，老师注意到，她对课堂发言有了足够的自信。

自信绝非自我偏执、不容许自己犯错，或过度自我中心，失去客观的立场。我有个绝顶聪明的同事，他一生认准了"我永远不会错"这句"真理"。他表现得无比自信，一旦证明他某句话是对的，他就会提醒所有人几个月前他早就说过了。但因为他几乎是为了自信而活着，一旦证明他某句话是错的，他就会顾左右而言他，或根本否认此事。虽然他的正确率高达95%，但5%的错误让他失去了自己的信誉和他人的尊敬。这个例子告诉我们，自傲的自信或不自觉的自信甚至比不自信更加危险。

情商中的自觉有两个层面：对自己和环境皆能俱到，掌握主客观的情势。有自觉的人不会过度地自我批评，也不会天真地乐观，他们能客观地评估自己。所以，他们会坦诚地面对自己的能力极限，不会轻易地接受自己能力范围外的工作。当然，他们仍乐于接受挑战，但会在接受挑战时做客观的风险评估。这样的人不但对自己坦诚，对他人也坦诚。坦诚地面对失败会得到别人的信赖，因为他们知道你接受了教训。坦诚地面对自己的

缺点也会得到别人的尊敬，因为他们知道你不会自不量力。所以，自觉的人容易成功，也容易自信。

自觉的人不但公平地评价自己，还主动要求周围的人给自己批评和反馈。他们明白，虽然自己很自觉，但别人眼中的自己是更为重要的。一方面，别人眼中的自己更为客观，另一方面，别人眼中的自己才是真正存在的自己。也就是说，如果别人都认为你错了，只有你自认为没有错，那么在社会、学校或公司眼中，你就是错了。所以，你必须虚心地理解和接受别人的想法，而且以别人的想法作为最终的目标。比如，我女儿可以每天评估自己的发言，但最终，只有当老师和同学们认为她是个开朗的、有想法的学生时，她才达到了最终的目标。

获得坦诚的反馈特别是负面的回馈并不容易。所以，你最好能有一些勇敢坦诚的知心好友，他们愿意在私下对你说真心话。当然，你不能对负面的反馈有任何不满，否则你以后就听不到真心话了。除了私下的反馈外，在美国的公司里，还有一种"360度"意见调查，可以对员工的上司、下属同时做多方面的调查。因为这种调查是匿名的，它往往能获得真实的意见，如果很多人都说你在某方面仍须改进，这样的说法就比自己的或老板的看法更有说服力。虽然在学校里没有这种正式的调查，但是你仍然可以尽力地去理解他人对你的想法。我的父亲常教诲我们凡事谋之于众，就是指开放心胸，切勿以井观天，局限了自己的视野。

马加爵说："同学都看不起我。"其实，如果他有勇气向他信任的同学求证，他也许会发现自己错怪了同学，也许会发现交错了朋友，也许会证实同学确实看不起他并了解其中的原因，然后自我改进。坦诚的交流和真心的朋友或许都可以帮助马加爵避免悲剧的发生。

有自觉的人会为自己制定现实的目标，客观地衡量自己，并会请他人帮助评估。这样的人能持续提升自己的自信，并能避免自信发展为自傲。

这封信会带给我们足够的启示，一个人如果没有的自信，那就丧失了自我。但是自信过头了，也同样会丧失自我。一个看不清自己的人，会陷入混沌。一个总是有一百个理由为自己辩解的人，那就是一个陷入诡辩的自私的人。

因此,一个人最重要的事情,是认识自我。知道自己真正地掌握了什么,还缺失什么。知道怎么样弥补不足,怎么样提高自我综合修养,这才是最为重要的自信。

逐梦箴言

在与我国年轻人的交往过程中,李开复用自己和别人的实例,充分证明成功产生于把大部分精力花在自己有兴趣的事情上,从而获得无比的自信。享受自觉自信带来的快乐感觉,使处于常备状态的心灵产生良好的冲动。对这样的心灵来说,没有处于紧张状态的地方,没有令人讨厌的偶然发生的意外,只是充满了生气与活力。年轻人应制定现实的目标,客观地衡量自己,接受他人帮助评估。就能持续提升自己的自信,并避免自傲。

知识链接

马加爵事件

马加爵事件是指发生于2004年,云南大学学生马加爵杀害4名同学的一起刑事案件。此案件由于作案者身为大学生出身卑微,手段残忍而吸引社会各界的关注。各大网络论坛对其人其事展开一场持久的讨论,有人对此事件表示谴责,认为马加爵手段残忍,应当受到严惩。但是也有人对其表示同情与遗憾,同时在网上详细说明马加爵的生平、生活艰辛、经济拮据,指出其由于家境贫困,导致其在大学生活中自卑心理油然而生,因得不到及时矫正,以致最终走向绝路。中国人民公安大学犯罪心理学教授李玫瑾对此案表示,“导致他杀人的,不是因贫困而引起的自尊问题,马加爵自己也讲了,是他做人的失败。”

智慧心语

自信与骄傲有异，自信者常沉着，而骄傲者常浮扬。

——梁启超

任何人都应该有自尊心，自信心，独立性，不然就是奴才。

——徐特立

能够使我漂浮于人生的泥沼中而不致陷污的，是我的信心。

——但丁

深窥自己的心，而后发觉一切的奇迹在你自己。

——培根

只有满怀自信的人，才能在任何地方都怀有自信沉浸在生活中，并实现自己的意志。

——高尔基

第七章

意志是保证

导读

意志是决定达到某种目的而产生的心理状态,往往由语言和行动表现出来。如:意志薄弱 意志坚强 不屈不挠的意志。

霍金

■ 意志的考验

我们做任何事情，不管能否坚持下去，都是对意志的考验。特别是人处逆境的时候，意志，决定着你的成败荣辱。对于科学家而言，意志，就是你所从事的科学研究事业的保证。每一位科学家在科学研究的过程中，都会有枯躁乏味寂寞的时候，这需要耐力；都会有遭遇瓶颈的时候，这需要耐心；都可能有走进死胡同，必须要重新开始的时候，这需要百折不挠的心态。更为严峻的是，有的科学家身残志坚，在科学研究的道路上做出了巨大的贡献！所有这些，足可以证明，凡事在科学领域有所建树的人，无一不是意志坚强的人，是值得尊重的人。因此也可以说，一个意志薄弱的人，做不了科学家，而一个科学家，必定是一个意志坚定的人。

谁能代表一个智者的意志？

一位充满智慧的人，一位身残志坚的人，一位当代的爱因斯坦似的大科学家，一位最令人赞佩的人。他就是斯蒂芬·威廉·霍金。

1942 年，霍金出生于英国牛津。童年时的霍金，学业成绩并不突出，但喜欢设计极为复杂的玩具，据说他曾做出一台简单的电脑。

1959 年，十七岁的霍金入读牛津大学的大学学院攻读自然科学，自称用了很少时间而得到一等荣誉学位，随后转读剑桥大学研究宇宙学，23 岁时，他获剑桥大学哲学博士学位，留在剑桥大学进行研究工作。1963 年被诊断患有肌肉萎缩性侧索硬化症，即运动神经病，当时医生诊断他只能活两年，但他却奇迹的活了下来，虽然他丧失了活动能力，但其坚强的意志却促使其成为了科学领域的伟人。

1972年,他考查黑洞附近的量子效应,发现黑洞会像黑体一样发出辐射,其辐射的温度和黑洞质量成反比,这样黑洞就会因为辐射而慢慢变小,而温度却越变越高,最后以爆炸而告终。黑洞辐射的发现具有极其基本的意义,它将引力、量子力学和统计力学统一在一起。

1974年以后，他的研究转向了量子引力论。虽然人们还没有得到一个成功的理论,但它的一些特征已被发现。例如,空间——时间在普朗克尺度下不是平坦的，而是处于一种粉末的状态。在量子引力中不存在纯态,因果性受到破坏,因此使不可知性从经典统计物理、量子统计物理提高到了量子引力的第三个层次。

1980年以后,霍金的兴趣转向了量子宇宙论。

1985年,霍金因患肺炎做了穿气管手术,被彻底剥夺了说话的能力,演讲和问答只能通过语音合成器来完成。

2004年7月,他改正了自己原来的"黑洞悖论"观点,信息应该持之以恒。

《时间简史》的副题是从大爆炸到黑洞。斯蒂芬·威廉·霍金认为他一生的贡献是在经典物理的框架里,证明了黑洞和大爆炸奇点的不可避免性,黑洞越变越大;但在量子物理的框架里,他指出,黑洞因辐射而越变越小,大爆炸的奇点不断被量子效应所抹平,而且整个宇宙正是起始于此。

理论物理学的细节在未来的20年中还会有变化,但就观念而言,现在已经相当完备了。

斯蒂芬·威廉·霍金的生平是非常富有传奇性的,在科学成就上,他是有史以来最杰出的科学家之一,他的贡献是在他被卢伽雷氏症禁锢在轮椅上20年之久的情况下做出的,这是真正的空前绝后。他的贡献对于人类的观念有深远的影响,所以媒介早已有许多关于他如何与全身瘫痪作搏斗的描述。所以说,上帝对每个人都是公平的。他有身体上的缺陷,可他的头脑聪明得很！我们从电视上已经看到,一个骨瘦如柴的人斜躺在电动轮椅上,他自己驱动着电开关。可能是他对首次见到他的人对其残疾程度的吃惊早已习惯。他要用很大努力才能举起头来。其实在他在失声之前,只能用非常微弱的变形的语言交谈,这种语言只有在陪他工作、生活几个

月后才能通晓。他不能写字，看书必须依赖于一种翻书页的机器，读文献时必须让人将每一页摊平在一张大办公桌上，然后他驱动轮椅如蚕吃桑叶般地逐页阅读。人们不得不对人类中居然有以这般坚强意志追求终极真理的灵魂从内心产生深深的敬意。从他对译者私事的帮助可以体会到，他是一位富有人情味的人。每天他必须驱动轮椅从他的家——剑桥西路5号，经过美丽的剑河、古老的国王学院驶到银街的应用数学和理论物理系的办公室。该系为了他的轮椅行走便利特地修了一段斜坡。霍金虽然身残但志不残，非常乐观。

他还证明了黑洞的面积定理。在富有学术传统的剑桥大学，他担任的职务是剑桥大学有史以来最为崇高的教授职务，那是牛顿和狄拉克担任过的卢卡斯数学教授。他拥有几个荣誉学位，是最年轻的英国皇家学会会员。在公众评价中，被誉为是继阿尔伯特·爱因斯坦之后最杰出的理论物理学家之一。他提出宇宙大爆炸自奇点开始，时间由此刻开始，黑洞最终会蒸发，在统一二十世纪物理学的两大基础理论——爱因斯坦的相对论和普朗克的量子论方面走出了重要一步。

他因患"渐冻症"（肌肉萎缩性侧索硬化症卢伽雷氏症），禁锢在一把轮椅上达40年之久，他却身残志不残，使之化为优势，克服了残废之患而成为国际物理界的超新星。他不能写，甚至口齿不清，但他超越了相对论、量子力学、大爆炸等理论而迈入创造宇宙的"几何之舞"。尽管他那么无助地坐在轮椅上，他的思想却出色地遨游到广袤的时空，解开了宇宙之谜。

霍金的魅力不仅在于他是一个充满传奇色彩的物理天才，也因为他是一个令人折服的生活强者。他不断求索的科学精神和勇敢顽强的人格力量深深地吸引了每一个知道他的人。患有肌肉萎缩性侧索硬化症的他，几乎全身瘫痪，不能发音，但一九八八年仍出版《时间简史》，至今已出售逾二千五百万册，成为全球最畅销的科普著作之一。

他被世人誉为"在世的最伟大的科学家""另一个爱因斯坦""不折不扣的生活强者""敢于向命运挑战的人""宇宙之王"。

霍金的意志可谓是顽强。很难想象一个坐在轮椅上40多年的人，怎么能度过那些痛苦之夜。每当我们从电视的画面上，看到他歪着脑袋，坐

在轮椅上的时候，心里会不会感到震撼呢。

一个人的意志，决定了他的生活质量。而一个人的生活质量，不能以简单的物质生活来衡量。还应该包括他的精神追求。从另一个角度上说，还应该看他对于这个世界贡献了什么。如果说要享受生活，那么霍金的享受，莫过于他把一项项科学研究成果献给我们这个世界的时候了。

逐梦箴言

当我们惊诧于那些历经生活磨难而仍然意志坚强的勇士们，竟然能蕴藏着如此巨大的能量和气场时，我们也应该努力挖掘自己生命中潜藏的生机和活力，永远把自己当成一只潜力股。轮椅只能困住霍金的身体，而精神世界的波澜壮阔，永远不会平息和颓丧。人类是地球上的高级生命，意志将成为我们尽情遨游宇宙的乘骑。

知识链接

黑洞

黑洞是一种引力极强的天体，就连光也不能逃脱。当恒星的半径小到一定程度，小于史瓦西半径时，就连垂直表面发射的光都无法逃逸了。这时恒星就变成了黑洞。说它“黑”，是指它就像宇宙中的无底洞，任何物质一旦掉进去，“似乎”就再不能逃出。由于黑洞中的光无法逃逸，所以我们无法直接观测到黑洞。然而，可以通过测量它对周围天体的作用和影响来间接观测或推测到它的存在。黑洞引申义为无法摆脱的境遇。2011年12月，天文学家首次观测到黑洞“捕捉”星云的过程。

十岁进大学的学者

10 岁时就进格拉斯哥大学预科学习。17 岁时，曾立志：“科学领路到哪里，就在哪里攀登不息”。这就是英国著名物理学家、发明家，开尔文。

做为上世纪的最伟大的人物之一，开尔文是一个伟大的数学物理学家兼电学家。他被看作英帝国的第一位物理学家，同时受到世界其他国家的赞赏。他的一生获得了一切可能给予的荣誉。而他也无愧于这一切，这是他在漫长的一生中所作的实际努力而获得的。这些努力使他不仅有了名望和财富，而且赢得了广泛的声誉。

1842 年 6 月 26 日，开尔文生于爱尔兰的贝尔法斯特。他从小聪慧好学，1845 年毕业于剑桥大学，在大学学习期间曾获兰格勒奖金第二名，史密斯奖金第一名。毕业后他赴巴黎跟随物理学家和化学家 V · 勒尼奥从事实验工作一年，1846 年受聘为格拉斯哥大学自然哲学(物理学当时的别名)教授，任职达 53 年之久。由于装设第一条大西洋海底电缆有功，英政府于 1866 年封他为爵士，并于 1892 年晋升为开尔文勋爵，开尔文这个名字就是从此开始的。1890 年到 1895 年任伦敦皇家学会会长。1904 年任格拉斯哥大学校长，直到 1907 年 12 月 17 日在苏格兰的内瑟霍尔逝世为止。

开尔文研究范围广泛，在热学、电磁学、流体力学、光学、地球物理、数学、工程应用等方面都做出了贡献。他一生发表论文多达六百余篇，取得 70 种发明专利，他在当时科学界享有极高的名望，受到英国本国和欧美各国科学家、科学团体的推崇。他在热学、电磁学及它们的工程应用方面的

研究最为出色。

开尔文是热力学的主要奠基人之一，在热力学的发展中作出了一系列的重大贡献。他根据盖·吕萨克、卡诺和克拉珀龙的理论于1848年创立了热力学温标。他指出："这个温标的特点是它完全不依赖于任何特殊物质的物理性质。"这是现代科学上的标准温标。他是热力学第二定律的两个主要奠基人之一(另一个是克劳修斯)，1851年他提出热力学第二定律："不可能从单一热源吸热使之完全变为有用功而不产生其他影响。"这是公认的热力学第二定律的标准说法。并且指出，如果此定律不成立，就必须承认可以有一种永动机，它借助于使海水或土壤冷却而无限制地得到机械功，即所谓的第二种永动机。他从热力学第二定律断言，能量耗散是普遍的趋势。1852年他与焦耳合作进一步研究气体的内能，对焦耳气体自由膨胀实验作了改进，进行气体膨胀的多孔塞实验，发现了焦耳—汤姆孙效应，即气体经多孔塞绝热膨胀后所引起的温度的变化现象。这一发现成为获得低温的主要方法之一，广泛地应用到低温技术中。1856年他从理论研究上预言了一种新的温差电效应，即当电流在温度不均匀的导体中流过时，导体除产生不可逆的焦耳热之外，还要吸收或放出一定的热量(称为汤姆孙热)。这一现象后叫汤姆孙效应。

在电学方面，开尔文以极高明的技巧研究过各种不同类型的问题，从静电学到瞬变电流。他揭示了傅里叶热传导理论和势理论之间的相似性，讨论了法拉第关于电作用传播的概念，分析了振荡电路及由此产生的交变电流。他的文章影响了麦克斯韦，后者向他请教，希望能和他研究同一课题，并给了他极高的赞誉。

开尔文在电磁学理论和工程应用上研究成果卓著。1848年发明了电像法，这是计算一定形状导体电荷分布所产生的静电场问题的有效方法。他深人研究了莱顿瓶的放电振荡特性，于1853年发表了《莱顿瓶的振荡放电》的论文，推算了振荡的频率，为电磁振荡理论研究作出了开拓性的贡献。他曾用数学方法对电磁场的性质作了有益的探讨，试图用数学公式把电力和磁力统一起来。1846年便成功地完成了电力、磁力和电流的"力的活动

影像法”,这已经是电磁场理论的雏形了(如果再前进一步,就会深入到电磁波问题)。他曾在日记中写道:“假使我能把物体对于电磁和电流有关的状态重新作一番更特殊的考察,我肯定会超出我现在所知道的范围,不过那当然是以后的事了。”他的伟大之处,在于能把自己的全部研究成果,毫无保留地介绍给了麦克斯韦,并鼓励麦克斯韦建立电磁现象的统一理论,为麦克斯韦最后完成电磁场理论奠定了基础。

他十分重视理论联系实际。1875 年预言了城市将采用电力照明,1879 年又提出了远距离输电的可能性。他的这些设想以后都得以实现。1881 年他对电动机进行了改造,大大提高了电动机的实用价值。在电工仪器方面,他的主要贡献是建立电磁量的精确单位标准和设计各种精密的测量仪器。他发明了镜式电流计、双臂电桥、虹吸记录器等等,大大促进了电测量仪器的发展。根据他的建议,1861 年英国科学协会设立了一个电学标准委员会,为近代电学量的单位标准奠定了基础。在工程技术中,1855 年他研究了电缆中信号传播情况,解决了长距离海底电缆通讯的一系列理论和技术问题。经过三次失败,历经两年的多方研究与试验,终于在 1858 年协助装设了第一条大西洋海底电缆,这是开尔文相当出名的一项工作。他善于把教学、科研、工业应用结合在一起,在教学上注意培养学生的实际工作能力。在格拉斯哥大学他组建了英国第一个为学生用的课外实验室。

开尔文还将物理学用到完全不同的领域。他研究过太阳热能的起源和地球的热平衡。他的方法可靠而有趣,但只由于他不知道太阳和地球上的能量来自核能,因而不可能得到正确的结论。他试图用落到太阳上的陨石或用引力收缩来解释太阳热能的起源。约在 1854 年,他估算太阳的“年龄”小于 5×10^8 年,而这只是我们现在知道的值的十分之一。

从地球表面附近的温度梯度,开尔文试图推算出地球热的历史和年龄。他的估算仍然太低,仅为 4×10^8 年,而实际值约为 5×10^9 年。地质学家以地质现象的演变为理论根据,很快就发现他的估算是错误的。他们不能驳倒开尔文的数学,但他们肯定他的假定是错误的。同样,生物学家也发现开尔文给出的时间进程与最新的进化论的观念相悖。这一争论持续了多年,

开尔文完全不理解别人的反对意见是正确的。最后,直到放射性和核反应的发现,才证明了开尔文假设的前提是完全错误的。

流体力学特别是其中的涡旋理论成为开尔文最喜爱的学科之一,他受亥姆霍兹工作的启示,发现了一些有价值的定理。他航行的收获之一是在1876年发明了适用于铁船的特殊罗盘,这一发明后来为英国海军所采用,而且一直用到被现代回转罗盘代替为止。开尔文的企业生产了许多磁罗盘和水深探测仪,从中大为获利。

基于他的实践经验和理论知识,开尔文感到迫切需要统一电学单位,公制的引入使法国革命向前跨了一大步,但是电学测量却产生了全新的问题。高斯和韦伯奠定了绝对单位制的理论基础,“绝对”意味着它们与特定的物质或标准无关,仅取决于普适的物理定律。在绝对单位制中如何确定刻度,如何选择合适的倍数因子使它能方便地应用于工业,如何劝说科技界共同接受这一单位制,所有这一切都是重要并且困难的任务。1861年英国科学协会任命一个委员会开始这项工作,开尔文是其中的一员。他们努力工作了许多年,一直到1881年,由开尔文和亥姆霍兹起主导作用的在巴黎召开的一次国际代表大会,和1893年,在芝加哥召开的另一次代表大会,才正式接受这一新的单位制,并采用伏特、安培、法拉和欧姆等作为电学单位,从此它们被普遍使用。然而,单位制的问题并未就此解决,后来的一些会议又改变了其中某些标准量的定义,它们的实际值也相应变动了,虽然这种变动是非常小的。

开尔文,这位伟大的科学家,几乎一生都在为科学事业而奋斗。为了纪念他在科学上的功绩,国际计量大会把热力学温标(即绝对温标)称为开尔文(开氏)温标,热力学温度以开尔文为单位,是现在国际单位制中七个基本单位之一。

1896年在他的母校,格拉斯哥大学庆祝他五十周年教授生涯大会上,他说:“有两个字最能代表我五十年内在科学研究上的奋斗,就是‘失败’两字。”

我们知道,他之所以用了‘失败’二字,是因为他经历了太多的失败。但

是他面对失败从来就没有退缩，而是在失败中汲取经验，因而一次又一次地取得了成功。他的一生，如果用品格高尚，意志坚强来评价，一点都不为过。他谦虚勤奋，不怕失败，百折不挠。在对待困难问题上他讲："我们都感到，对困难必须正视，不能回避；应当把它放在心里，希望能够解决它。无论如何，每个困难一定有解决的办法，虽然我们可能一生没有能找到。"

逐梦箴言

命运对有耐心等待的人给予双倍的奖赏。以开尔文命名热力学温度单位，是科学界对开尔文在热力学领域地所做出卓越贡献的回报。功成名就之时，开尔文给予青年的忠告还是铭记一次次失败，从失败中站起，对待苦难就是正视、警醒、解决。我们知道懂得等待的人，必然具有深沉的耐力和宽广的胸怀，具有坚强的意志，能制己者方能制人。

知识链接

永动机

不消耗能量而能永远对外做功的机器，它违反了能量守恒定律，故称为"第一类永动机"。在没有温度差的情况下，从自然界中的海水或空气中不断吸取热量而使之连续地转变为机械能的机器，它违反了热力学第二定律，故称为"第二类永动机"。

■ 锁匠儿子的道路

如果不是真实的事情,很难想象一个锁匠竟然能培养出一个科学巨匠来。而且还用他的名字命名了一个电学定律。这就是欧姆定律。这是一个我们大家都非常熟悉的电学单位。电阻的阻值单位。但是,我们知道是谁吗？对了,他就是乔治·西蒙·欧姆。

1787 年 3 月 16 日,乔治·西蒙·欧姆出生于德国埃尔朗根的一个锁匠世家,父亲乔安·渥夫甘·欧姆是一位锁匠,母亲玛莉亚·伊丽莎白·贝克是埃尔朗根的裁缝师之女。虽然欧姆的父母亲从未受过正规教育,但是他的父亲是一位受人尊敬的人,高水平的自学程度足以让他给孩子们出色的教育,使他们兄妹三人早期教育得到了保证。乔治·西蒙·欧姆的弟弟马丁·欧姆后来成为著名数学家。

他的母亲在他 10 岁的时候就去世了。

幼年时期的初期,乔治·西蒙·欧姆和马丁·欧姆的数学、物理、化学和哲学知识是受他们的父亲所教。乔治·西蒙·欧姆在 11 岁至 15 岁时曾上埃尔朗根高级中学,在那里他接受到了一点点科学知识的培养,并且感受到学校所教授的与父亲所传授的有着非常鲜明的不同。乔治·西蒙·欧姆 15 岁时接受了埃尔朗根大学教授卡尔·克利斯坦·凡·兰格斯多弗的一次测试,他注意到乔治·西蒙·欧姆在数学领域异于常人的出众天赋,他甚至在结论上写道,从锁匠之家将诞生出另一对伯努利兄弟。

1805 年,16 岁的欧姆进入埃尔朗根大学学习数学、物理和哲学。在这

期间，他并没有把精力放在学习上，而是放在跳舞、滑冰和台球上。欧姆的父亲对于欧姆如此浪费受教育的机会，感到非常愤怒，于是把欧姆送到了瑞士。1806 年 9 月，欧姆在一所学校取得了数学教师的职务。

1809 年，卡尔·克利斯坦·凡·兰格斯多弗教授离开埃尔朗根大学，前往海德堡大学任教。欧姆提出希望跟他一起前往海德堡重新开始他的数学学习，但是兰格斯多弗建议欧姆继续自学数学，并建议他阅读欧拉、拉普拉斯和拉克洛瓦的著作。欧姆接受了兰格斯多弗的建议，一边留存瑞士继续教学，一边自学数学。23 岁时，欧姆回到埃尔朗根。并于 1811 年，以《光线和色彩》的学术论文获得博士学位。此后在埃尔朗根做了三个学期的数学讲师。又分别于 1813 年在班贝格、1817 年在科隆、1826 年在柏林的几家中学任教。

欧姆在繁重的教学工作之余，还坚持进行科学研究。他的主要研究兴趣是在当时还没有被普遍研究的电学。

1833 年，他成为纽伦堡皇家综合技术学校的教授。1839 年起，他担任该校的校长。

1849 年，他任教于慕尼黑大学，1852 年成为实验物理学教授。

从欧姆的经历中我们可以看出，他的生活和处境始终处于颠沛流离之中。他需要一边工作一边学习，要克服许多难以想象的困难。但是他并没有抱怨，也没有放弃。因为自幼受到父亲的教导，在科学和技术方面得到了不少的启迪。

在大学期间，因生活困难，不得不退学去做家庭教师。但他仍然坚持学习，终于完成了学业，获得了博士学位。

欧姆正处在电学飞速发展的时期，新的电学成果不断地涌现，其他科学家的发现激励着他去进一步探索一个重要的问题。

比如在实验中，他发现使用伏打电池的电路中，电流强度可能随电池数目的增多而增大，但是，这中间到底存在什么规律呢？他决心通过实验寻找答案。

当时还没有测量电流强弱的仪器，欧姆曾设想用电流的热效应去测量

电流的强弱，但没有成功。

1821 年，科学家施魏格尔和波根多夫发明了一种原始的电流计，这个仪器的发明使欧姆受到鼓舞。他利用业余时间，向工人学习多种加工技能，决心制作必要的电学仪器与设备。为了准确地量度电流，他巧妙地利用电流的磁效应设计了一个电流扭秤。用一根扭丝挂一个磁针，让通电的导线与这个磁针平行放置，当导线中有电流通过时，磁针就偏转一定的角度，由此可以判断导线中电流的强弱了。他把自己制作的电流计连在电路中，并创造性地在放磁针的度盘上划上刻度，以便记录实验的数据。这样，1825 年他根据实验结果得出了一个公式，可惜是错的，用这个公式计算的结果与欧姆本人后来的实验也不一致。欧姆很后悔，意识到问题的严重性，打算收回已发出的论文，可是已经晚了，论文已发散出去了。急于求成的轻率做法，使他吃了苦头，科学家对他也表示反感，认为他是假充内行。欧姆决心要挽回影响和损失，更重要的是还要继续通过实验找规律。这时欧姆多么需要人们的理解和支持啊！当时科学家波根多夫，从欧姆这位中学教师身上看到了追求真理勇于创新的才华，写信鼓励欧姆继续干下去。并建议他在实验中，使用更加稳定的塞贝克温差电池。这种电池是 1821 年由塞贝克发明的，它的原理是：用钢、铋两种不同的导线连接而组成的电路中，两个接头的温度不同时可以产生电流，温差越大，电流越强。欧姆鼓起勇气，用了温差电池重新认真地做实现，他把一个接头浸入沸水中，温度保持 100℃，另一接头埋入冰块，温度保持 0℃，从而保证一个能供应稳定电压的电源。多次实验之后，终于在 1827 年提出了一个关系式：$X = a / (b+x)$式中 X 表示电流强度，a 表示电动势（高中物理中学到），b+x 表示电阻，b 是电源内部的电阻，x 为外部电路的电阻。这就是欧姆定律，这在电学史上是具有里程碑意义的贡献。

但是，科学界仍不承认欧姆的科学发现，许多人对他还抱有成见，甚至认为定律太简单，不足为信。这一切使欧姆也感到万分痛苦和失望。

然而，真理之光终究会放射出来的。说来也凑巧，1831 年，有位叫波利特的科学家发表了一篇论文，得到的是与欧姆同样的结果。这才引起科学界对欧姆的重新注意。

1841 年，英国皇家学会授予欧姆科普利金质奖章，并且宣称欧姆定律是“在精密实验领域中最突出的发现”。至此，他得到了应有的荣誉。

1854 年欧姆与世长辞。十年之后英国科学促进会为了纪念他，决定用欧姆的名字作为电阻单位的名称。使人们每当使用这个术语时，总会想起这位勤奋顽强、卓有才能的中学教师。

与所有的科学家们一样，欧姆的成功和失败都有着不可或缺的因素，那就是探索中的失败。有所不同的是，欧姆自己的失误造成了许多人的不信任和怀疑。但是欧姆并没有就此放弃，在逆境中继续他的研究和实验，这种心理意志并非所有人都有。对我们来说，更是需要学习和借鉴的了。

逐梦箴言

“意志是每一个人的精神力量，是要创造或是破坏某种东西的自由的憧憬，是能从无中创造奇迹的创造力”。欧姆没有因为自己的失误而一蹶不振，而是不断地通过实验找规律，以超强的意志力和不屈不挠的钻研精神，为自己挽回影响成为励志的典范。就像冶炼金属，最珍贵者最费工夫提炼，因而其分量也最重。

知识链接

科普利奖章

科普利奖章这是英国皇家学会颁发的最古老的科学奖之一。科普利奖是科学成就的最高荣誉奖、世界上历史最悠久的科学奖项。1731 年以皇家学会的高级会员戈弗里·科普利爵士的遗赠设立。每年颁发一次，为一枚镀金银质奖章和 100 英镑奖金(这在当时是相当大数额的一笔奖金)，授予专为申请此奖而进行的自然哲学研究成果。获奖成果都需发表过，或向皇家学会通报过。科普利奖诞生于 1731 年，比诺贝尔奖还早 170 年。

■ 一张表格的研究

在化学教科书中，甚至在汉语词典中，都附有一张表。它揭示了物质世界的秘密，把一些看来似乎互不相关的元素统一起来，组成了一个完整的自然体系。它的发明，是近代化学史上的一个创举，对于促进化学的发展，起了巨大的作用。这就是，"元素周期表"。人们看到它，便会想到它的最早发明者——德米特里·伊万诺维奇·门捷列夫。

1834年2月7日，门捷列夫出生在俄国西伯利亚的托波尔斯克市。这个时代，正是欧洲资本主义迅速发展时期。生产的飞速发展，不断地对科学技术提出新的要求。化学也同其他科学一样，取得了惊人的进展。

门捷列夫在学校读书的时候，一位很有名的化学教师，经常给他们讲课，热情地向他们介绍当时由英国科学家道尔顿始创的新原子论。由于道尔顿新原子学说的问世，促进了化学的发展速度，一个一个的新元素被发现了。化学这一门科学正激动着人们的心。这位教师的讲授，使门捷列夫的思想更加开阔了，决心为化学这门科学献出一生。

门捷列夫在大学学习期间，表现出了坚韧、忘我的超人精神。那期间，门捷列夫得了一种病，经常咳血，因此他一天一天的消瘦和苍白了。可是，疾病的折磨并没有让他放弃学习。在他缺血的苍白的手里，总是握着一本化学教科书。那里面当时有很多没有弄明白的问题，缠绕着他的头脑，似乎在召呼他快去探索。他在用生命的代价，在科学的道路上攀登着。他说，我这样做"不是为了自己的光荣，而是为了俄国名字的光荣"。

然而，过了一段时间以后，门捷列夫并没有死去，反而一天天好起来了。最后，才知道是医生诊断的错误，而他得的不过是气管出血症罢了。

由于门捷列夫学习刻苦和在学习期间进行了一些创造性的研究工作，1855年，他以优异成绩从学院毕业。毕业后，他先后到过辛菲罗波尔、敖德萨担任中学教师。这期间，他一边教书，一边在极其简陋的条件下进行研究，写出了《论比容》的论文。文中指出了根据比容进行化合物的自然分组的途径。1857年1月，他被批准为彼得堡大学化学教研室副教授，当时年仅23岁。

攀登科学高峰的路，是一条艰苦而又曲折的路。门捷列夫在这条路上，也是吃尽了苦头。

当他担任化学副教授以后，负责讲授《化学基础》课。在理论化学里应该指出自然界到底有多少元素？元素之间有什么异同和存在什么内部联系？新的元素应该怎样去发现？这些问题，当时的化学界正处在探索阶段。近50年来，各国的化学家们，为了打开这秘密的大门，进行了顽强的努力。虽然有些化学家如德贝莱纳和纽兰兹在一定深度和不同角度客观地叙述了元素间的某些联系，但由于他们没有把所有元素作为整体来概括，所以没有找到元素的正确分类原则。年轻的学者门捷列夫也毫无畏惧地冲进了这个领域，开始了艰难的探索工作。

他不分昼夜地研究着，探求元素的化学特性和它们的一般的原子特性，然后将每个元素记在一张小纸卡上。他企图在元素全部的复杂的特性里，捕捉元素的共同性。但他的研究，一次又一次地失败了。可他不屈服，不灰心，坚持干下去。

为了彻底解决这个问题，他又走出实验室，开始出外考察和整理收集资料。

1859年，他去德国海德堡进行科学深造。两年中，他集中精力研究了物理化学，使他探索元素间内在联系的基础更扎实了。

1862年，他对巴库油田进行了考察，对液体进行了深入研究，重测了一些元素的原子量，使他对元素的特性有了深刻的了解。

1867年，他借应邀参加在法国举行的世界工业展览俄罗斯陈列馆工作的机会，参观和考察了法国、德国、比利时的许多化工厂、实验室，大开眼界，丰富了知识。这些实践活动，不仅增长了他认识自然的才干，而且对他发现元素周期律，奠定了雄厚的基础。

门捷列夫又返回实验室，继续研究他的纸卡。他把重新测定过的原子量的元素，按照原子量的大小依次排列起来。他发现性质相似的元素，它们的原子量并不相近；相反，有些性质不同的元素，它们的原子量反而相近。他紧紧抓住元素的原子量与性质之间的相互关系，不停地研究着。他的脑子因过度紧张，而经常昏眩。

但是，他的心血并没有白费，在1869年2月19日，他终于发现了原素周期律。他的周期律说明：简单物体的性质，以及元素化合物的形式和性质，都和元素原子量的大小有周期性的依赖关系。门捷列夫在排列元素表的过程中，又大胆指出，当时一些公认的原子量不准确。如那时金的原子量公认为169.2，按此在元素表中，金应排在锇、铱、铂的前面，而门捷列夫坚定地认为金应排列在这三种元素的后面，原子量都应重新测定。大家重测的结果，锇为190.9、铱为193.1、铂为195.2，而金是197.2。实践证实了门捷列夫的论断，也证明了周期律的正确性。

在门捷列夫编制的周期表中，还留有很多空格，这些空格应由尚未发现的元素来填满。

门捷列夫从理论上计算出这些尚未发现的元素的最重要性质，断定它们介于邻近元素的性质之间。例如，在锌与砷之间的两个空格中，他预言这两个未知元素的性质分别为类铝和类硅。就在他预言后的四年，法国化学家布阿勃朗用光谱分析法，从锌矿中发现了镓。实验证明，镓的性质非常象铝，也就是门捷列夫预言的类铝。镓的发现，具有重大的意义，它充分说明元素周期律是自然界的一条客观规律；为以后元素的研究，新元素的探索，新物资、新材料的寻找，提供了一个可遵循的规律。元素周期律像重炮一样，在世界上空轰响了！

门捷列夫发现了元素周期律，在世界上留下了不朽的光荣，人们给他

以很高的评价。

恩格斯在《自然辩证法》一书中曾经指出。“门捷列夫不自觉地应用黑格尔的量转化为质的规律，完成了科学上的一个发现，这个发现可以和勒维烈计算尚未知道的行星海王星的轨道的发现居于同等地位。”

由于时代的局限性，门捷列夫的元素周期律并不是完整无缺的。1894年，惰性气体氖的发现，对周期律是一次考验和补充。1913年，英国物理学家莫塞莱在研究各种元素的伦琴射线波长与原子序数的关系后，证实原子序数在数量上等于原子核所带的阳电荷，进而明确作为周期律的基础不是原子量而是原子序数。在周期律指导下产生的原于结构学说，不仅赋予元素周期律以新的说明，并且进一步阐明了周期律的本质，把周期律这一自然法则放在更严格更科学的基础上。元素周期律经过后人的不断完善和发展，在人们认识自然，改造自然，征服自然的斗争中，发挥着越来越大的作用。

门捷列夫除了完成周期律这个发现外，还研究过气体定律、气象学、石油工业、农业化学、无烟火药、度量衡等。由于他总是日以继夜地顽强地劳动着，在他研究过的这些领域中，都在不同程度上取得了成就。

1907年2月2日，这位享有世界盛誉的科学家，因心肌梗塞与世长辞了。但他给世界留下的宝贵财产，永远存留在人类的史册上。

意志改变了世界。

无数科学家的奋斗史充分地证实了这一点。人类社会这所以从蒙昧走向智慧，从原始走向现代，从野性走向文明，每前进一步，都是因为人类具有不可战胜的意志。有人说它是钢铁，有人说它是坚定，也有人说它是战胜一切艰难险阻的保证。

我们有理由相信，从前是，将来也是。

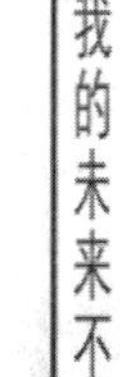

逐梦箴言

门捷列夫元素周期律像重炮一样，在世界上空轰响。探求元素的化学特性和原子特性的战役中，门捷列夫成为披荆斩棘的勇士，战胜病魔和困难，永往无前，显示出真正的人格与强大的心力，对化学的兴趣爱好更成为他磨砺意志的忠实伙伴。

年轻人很多时候心气太高，目标过远，不能持续，意志力不强必然导致失败和很快放弃。我们应提高学习兴趣，磨炼意志，当注意力集中完全于一点时，时间就不存在。

知识链接

门捷列夫以后，元素周期表的发展

有两项重大发展：

1.发现了惰性气体，增加了一族(列)。

2.发现了稀土元素和放射性元素大家族。

智慧心语

立志不坚，终不济事。

——朱熹

能量加毅力可以征服一切。

——富兰克林

没有伟大的意志力，便没有雄才大略。

——巴尔扎克

科学不但能“给青年人以知识，给老年人以快乐”，还能使人惯于劳动和追求真理，能为人民创造真正的精神财富和物质财富，能创造出没有它就不能获得的东西。

——门捷列夫

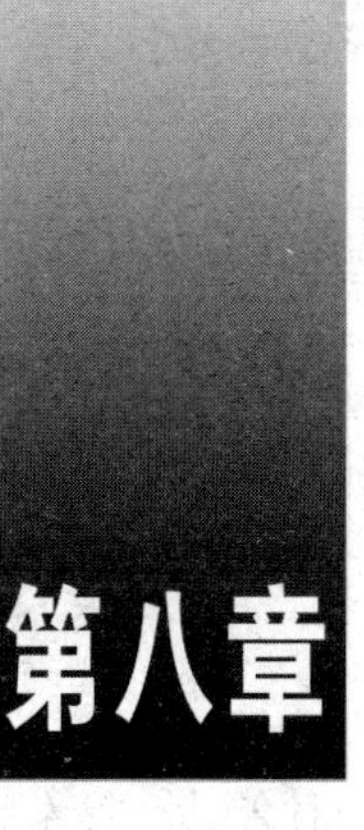

第八章

想象是课题

导读

想象是人的一种能力，想象也是人的一种思维，这是人类区别其它动物的一种标志。没有想象人类就不会走出丛林，而人类走出丛林又开发了人类的想象。如果说人类走出丛林是进步，那么人类走出丛林的原因，便是想象的课题。

地震仪

■ 想象与智慧

没有想象的世界是单纯的，自然的，遵从着自然界的法则——适者生存。充满想象的世界则是纷繁的，社会的，强化着学习自然，改造自然的信念。

我想这就是人类的智慧。

人类社会发展到今天，可以说是科学技术的发展。其中每走一步都充满了智慧与抗争。人们总是希望明天会更好，是因为人们的期待存在着无数的可能性。而每一种可能性，都是一个命题。这就是科学的魅力所在。人们在科学的道路上并不是孤独地前进，充满智慧的想象力，丰富了科学家们枯躁的计算或者是实验。每一名科学家的大脑里并不都是专业的数据或者公式，与之相辅相承的，是充满奇异的想象，这就是为什么许多科学家是多才多艺。

想象力，是科学家的另一只翅膀。

凯库勒之梦

弗里德利希·凯库勒，德国科学家，1829年9月7日生于达姆施塔特。凯库勒从小就喜欢琢磨一些事情，学习也认真，有时还会出人意料地做出和别人不一样的事情来。

有一次，老师在语文课上布置了一道作文题，要求学生们在下课前交卷。全班同学都紧张地在作文纸上埋头写了起来，可凯库勒却若无其事地坐着，甚至抬头悠闲地看着天花板出神。老师见凯库勒不写一字，悠然自

得，忍不住用责备的眼光暗示他赶紧动笔。没想到，快下课时，凯库勒居然拿着手中的白纸流利地读了起来。这篇即兴之作结构精巧、文采飞扬，博得了老师和同学们一阵热烈的掌声。

有时候他会有一些奇怪的问题，让老师觉得“这学生的脑袋里装得太多了，要一点一点地解决。”那个时候他还特别是喜欢看人家盖房子，经常到人家盖房子的工地，有的时候还会请教工地上的人一些问题。后来他自己说：“那时他就想长大后要当一名优秀的建筑大师。”

1847年，凯库勒以优异的成绩考入了吉森大学。这是德国当时最为著名的一所大学，校园美丽、学风淳朴，更为值得骄傲的是，这所大学还拥有一批知名度极高的教授，而且，允许学生可以不受专业的限制，选择他们喜爱的教授。

凯库勒在上大学前，就为达姆斯塔德设计了三所房子。初露锋芒的他深信自己有建筑的天赋。因此，进入吉森大学，他毫不犹豫地选择建筑专业，并以惊人的速度很快修完了几何学、数学、制图和绘画等十几门专业必修课。

在凯库勒正准备扬起自己的理想风帆时，一个偶然的事件，却改变了他的人生道路。

这就是赫尔利茨伯爵夫人的案件。此案开庭审理时，凯库勒参加了旁听。在黑森法庭，他见到了本案的真正的判决者——大名鼎鼎的李比希教授。教授手里拿着一枚戒指。这是一枚价值连城的宝石戒指，上面镶着两条缠在一起的金属蛇，一条是赤金的，一条是白金的，看上去精美绝伦。李比希教授测定了金属的成分，然后缓缓地站起身来面对着台下急不可耐的听众，用一种平和而又坚定的语气说道：“白蛇是金属铂，即所谓白金制成的。现在伯爵夫人侍仆的罪行是明显的，因为白金从1819年起，才用于首饰业中，而他却硬说这个戒指从1805年就到了他手中。”清晰的逻辑分析，确凿的实验结论，使罪犯终于供认了盗窃戒指的事实。这个案件的审理，使凯库勒对这位知名教授产生了一种由衷的敬佩之情。

其实，凯库勒在吉森大学早就听说了李比希教授的大名，同学们也多次劝说他听听这位教授的化学课，但他对化学毫无兴趣，不愿意将时间花

费在自己不愿做的事情上，因此，对这位教授的了解也仅限于道听途说。这次偶然的接触，使凯库勒一改初衷，决定去听听李比希教授的化学课。课堂上，李比希教授那轻松的神态、幽默的语言、广博的知识把凯库勒带人了一个全新的世界，这个世界像梦一般的美，强烈地吸引着凯库勒，使他对化学产生了极大的兴趣。

凯库勒很快在化学上取得了成就，他先后在巴黎和伦敦进行了研究工作。1855年春，他离开英国，返回了德国。他希望在某个大学里谋到教职，但访问了柏林、吉森、葛廷根和海德堡这几个城市的大学后，他发现哪儿也没有空位置。于是他决定要求以副教授的身份在海德堡私人开课；这个想法得到了海德堡大学化学教授罗伯特·本生的支持。本生认为，凯库勒开设的课程一定会吸引许多听众的，因为不少大学生都对有机化学感兴趣。

凯库勒租了一位面粉商的一幢三层楼房里的一套房间，一间作为教室，另一间改装成实验室。地方非常狭小，实验室内总共只能容纳两张工作台，可是凯库勒已经心满意足了。起初，听凯库勒讲课的只有六个人，但渐渐的，教室里竟座无虚席了。凯库勒的收入也就增加了——每个听讲者都要支付一定的费用。

1865年5月11日，凯库勒根据对于苯的化学性质及其衍生物的研究，在比利时皇家学会发表了题为《关于苯环的几种衍生物》的论文。在这篇论文里，描述了苯环的一元取代物、二元取代物、三元取代物和它们的异构体，他首先使用了芳香族这个名称，一直到现在化学家还在使用这一术语。他和他的助手们第一次使用了邻位、间位、对位等术语，同时制定了测定这三种异构体的方法。论文的目的是阐明苯环的结构。由于苯环学说对有机化学的发展具有特殊的意义，所以化学界把1865年看成有机化学具有突破性成就的一年。

当时有机化学家们遇上了一道难题：人们从煤焦油中提取出一种有芳香气味的液体，叫做苯。苯的结构非常怪。一个苯分子含有6个碳原子和6个氢原子。碳的化合价是4价，一个碳原子应该和4个氢原子化合才对，而苯怎么会是6个碳原子和6个氢原子的化合物呢？

凯库勒也对此进行了不懈的研究。1865 年圣诞节后的一天，凯库勒由于长期研究苯分子的结构，已经疲惫不堪。他早已经测定清楚，苯分子是由 6 个碳原子和 6 个氢原子组成。那么，这 6 个氢和 6 个碳的原子又是以什么样的方式组合起来的呢？凯库勒一面苦心思考着，一面在纸上画；他试着写出几十种苯的分子式，但是又都一一否决了。

“不行”，“还是不行”，“唉，都不对”，他自言自语的嘟囔着，一边随意在纸上画了几笔。“到底苯的分子结构应当是什么样的呢?”

他百思不得其解，想得头都有些痛了。他把椅子拉近壁炉，半躺在安乐椅上，炉火的温暖使他感到很惬意。慢慢地，这位化学家蒙蒙眬眬地入睡了。

咦，那是什么，凯库勒忽然看见碳原子连在一起形成了一条弯弯曲曲的蛇，对，是一条蛇！这条蛇身上的每个碳原子上都还带着一个氢原子，碳原子和氢原子互相长在一起，连成了一条怪模怪样的长蛇。这条怪蛇忽然蠕动起来了，它在爬，它在摇头晃脑，它在跳舞，而且越跳越快，渐渐地，这条蛇转起圈来，蛇头追着蛇尾，不停地转动着;形成了一个圆环。突然，蛇头追上了蛇尾，并一口咬住了，牢牢地衔住尾巴尖，就此不动了。这条蛇原来在他手掌上，呀，不是蛇！原来是李比希给他看过的那只宝石戒指，不错，在他手掌上确实放着一只宝石戒指——白金做的。呀！还是一条蛇，一条白金蛇！

凯库勒哆嗦了一下，醒过来了，多么奇怪的梦啊！他回味着。那些奇怪的碳原子和氢原于的样子还没有消失，他想起了分子中各个原子的排列顺序，也许这就是长期未能解决的问题的答案吧?凯库勒匆匆地在一张纸上写下了梦中看到的环状结构。这就是苯分子的第一个环状式。长期未能解决的问题，最后“一梦成功”了。这毫无疑问是凯库勒长期研究的结果，也和他独具的立体思维能力密不可分。

1868 年，凯库勒又回到德国，被波恩大学聘请担任化学教授。在波恩大学成立 50 周年时，他接受了医学博士名誉学位。自从他担任波恩大学化学系教授以后，很多学化学的人都纷纷来到波恩大学，听凯库勒的讲演，并在他的指导下从事化学实验和研究，其中最著名的一位是范霍夫(他是在 1901 年第一位获得诺贝尔奖金的化学家)。从此以后凯库勒的学生一天天地多起来了，波恩大学化学系也大大地发展了，成了欧洲化学研究中心。

1873 年，著名的有机化学家，莫尼克大学化学系主任李比希教授逝世后，该校拟聘请凯库勒继任系主任，他没有接受这一聘任，而是推荐拜耳担任此职。1877 年凯库勒当选为波恩大学校长。

1890 年 3 月 10 日，凯库勒在波恩大学宣读了论文《吡啶的结构式》，这篇论文进一步证明了苯环结构理论的正确性。

凯库勒因为在有机化学方面的杰出贡献而成为有机结构奠基人。

洛伊之梦

1921 年复活节星期天之前的夜晚，奥地利生物学家洛伊从梦中醒来，抓过一张纸迷迷糊糊地写了些东西，倒下去又睡着了。

第二天早上起来，他突然想到，自己昨夜记下了一些极其重要的东西，赶紧把那张纸拿来看，却怎么也看不明白自己写的是些什么鬼画符。幸运的是，第二天凌晨三点，逃走的新思想又回来了，它是一个实验的设计方法，可以用来验证洛伊 17 年前提出的某个假说是否正确。

洛伊赶紧起床，跑到实验室，杀掉了两只青蛙，取出蛙心泡在生理盐水里，其中一号带着迷走神经，二号不带。用电极刺激一号心脏的迷走神经使心脏跳动变慢，几分钟后把泡着它的盐水移到二号心脏所在的容器里，结果二号心脏的跳动也放慢了。

这个实验表明，神经并不直接作用于肌肉，而是通过释放化学物质来起作用，一号心脏的迷走神经受刺激时产生了某些物质，它们溶解在盐水里，对二号心脏产生了作用。神经冲动的化学传递就这样被发现了，它开启了一个全新的研究领域，并使洛伊获得 1936 年诺贝尔生理学和医学奖。

门捷列夫之梦

在 1869 年 2 月，化学王国的宪法——元素周期律。当时已经发现了 63 种元素，科学家无可避免地要想到，自然界是否存在某种规律，使元素能够有序地分门别类、各得其所？

35 岁的化学教授门捷列夫苦苦思索着这个问题，在疲倦中进入了梦乡。在梦里他看到一张表，元素们纷纷落在合适的格子里。醒来后他立刻

记下了这个表的设计理念：元素的性质随原子序数的递增，呈现有规律的变化。

门捷列夫在他的表里为未知元素留下了空位，后来，很快就有新元素来填充，各种性质与他的预言一样，惊人地吻合。

埃利亚斯·豪之梦

还有人在梦中做出发明。在工业化的服装生产出现之前，人们概念里的缝纫针都是一样的：穿线的洞开在与针尖相反的一头，因此针穿过布料的时候，线最后才穿过。对手工缝纫来说这没什么问题，但工业化的缝纫机需要让线先穿过布料。当时的发明家们采用了双头针或多针的方法，但都效率不高。

19 世纪 40 年代，美国人埃利亚斯·豪在不能解决这个问题的困惑中入睡，梦见一帮野蛮人要砍掉他的头或煮他来吃。关于这个细节有不同的说法，总之是处境大大的不妙。埃利亚斯·豪拼命地想爬出锅或躲过砍刀，但被生番们用长矛恐吓着，在这时他看到长矛的尖头上开着孔。他在吃惊中却喊叫不出来声音中吓醒了。

他在被这个恶梦惊醒之后，竟然记住了那些长矛尖上的孔。这个梦让他想到了机器缝纫的原理，因此他决定放弃手工缝纫，设计了针孔开在针头一端的曲针，配合使用飞梭来锁线。1845 年，他的第一台模型问世，每分钟能缝 250 针，比好几个熟练工人还快，真正实用的工业缝纫原理终于出现了。

关于梦，古往今来有好多的谚语和成语的表达。比如：日有所思，夜有所梦；梦由心头起；梦寐以求；梦想成真。有意思的是，这些谚语和成语，都把梦和心事连在了一起。一个科学家，他日常所想的当然是有关课题研究的问题，特别是遇到难题时，想象的空间可能会更大一些。其实科学家的想象不只局限于梦。梦的启示只能是偶尔出现的意识行为。科学家的想象是在理性基础上的思考，在众多的理由当中寻找可能。比如科学幻想小说或者是影视作品，是在假定的平台上进行符合逻辑的创作，这就是想象的魅力所在，能给人以启示，从而获取科学的真相。

逐梦箴言

对科学的热爱和痴迷令他们呕心沥血，不能安寝，睡梦中依然与研究的课题纠缠不休。而梦中的灵光一现恰是对科学家们苦心钻研的一种回报。因为一个更为远大的梦想，科学家们不断地重复着相同的梦，永不言弃的精神最终使他们美梦成真。

知识链接

门捷列夫

德米特里·门捷列夫，19 世纪俄国化学家，他发现了元素周期律，并就此发表了世界上第一份元素周期表。1907 年 2 月 2 日，这位享有世界盛誉的俄国化学家因心肌梗塞与世长辞，那一天距离他的 73 岁生日只有六天。他的名著、伴随着元素周期律而诞生的《化学原理》，在 19 世纪后期和 20 世纪初，被国际化学界公认为标准著作，前后共出了八版，影响了一代又一代的化学家。

■ 来自哲学的启示

亚里士多德的世界纷繁多彩。他在自然科学与社会科学的研究方面都有所建树，是世界古代史上最伟大的哲学家、科学家和教育家。他创立了形式逻辑学，丰富和发展了哲学的各个分支学科，对科学作出了巨大的贡献。

亚里士多德的著作所表述的观点是，人类生活及社会的每个方面，都是思考与分析的客体；宇宙万物不被神、机会和幻术所控制，而是遵循着一定的规律运行；人类对自然界进行系统而深入的研究是值得的；我们应当通过实验和逻辑分析，得出自已的结论。亚里士多德的这种反传统、反对迷信与神秘主义的主张，对西方文化产生了深远的影响。

亚里士多德出生在马其顿的斯塔吉拉，17 岁时，他赴雅典在柏拉图学园就读达 20 年，直到柏拉图去世后方才离开。也许是受父亲的影响，亚里士多德对生物学和实证科学饶有兴趣；而在柏拉图的影响下，他又对哲学推理发生了兴趣。

亚里士多德首先是个伟大的哲学家，他虽然是柏拉图的学生，但却抛弃了他的老师所持的唯心主义观点。柏拉图认为理念是实物的原型，它不依赖于实物而独立存在。亚里士多德则认为实物本身包含着本质。柏拉图断言感觉不可能是真实知识的源泉。亚里士多德却认为知识起源于感觉。这些思想已经包含了一些唯物主义的因素。亚里士多德和柏拉图一样，认为理性方案和目的是一切自然过程的指导原理。可是亚里士多德对

因果性的看法比柏拉图的更为丰富，因为他接受了一些古希腊时期对这个问题的看法。他指出，因主要有四种，第一种是质料因，即形成物体的主要物质。第二种是形式因，即主要物质被赋予的设计图案和形状。第三种是动力因，即为实现这类设计而提供的机构和作用。第四种是目的因，即设计物体所要达到的目的。举个例子来说，制陶者的陶土为陶器提供其质料因，而陶器的设计样式则是它的形式因，制陶者的轮子和双手是动力因，而陶器打算派的用途是目的因。亚里士多德本人看中的是物体的形式因和目的因，他相信形式因蕴藏在一切自然物体和作用之内。开始这些形式因是潜伏着的，但是物体或者生物一旦有了发展，这些形式因就显露出来了。最后，物体或者生物达到完成阶段，其制成品就被用来实现原来设计的目的，即为目的因服务。他还认为，在具体事物中，没有无质料的形式，也没有无形式的质料，质料与形式的结合过程，就是潜能转化为现实的运动。这一理论表现出自发的辩证法的思想。

亚里士多德认为分析学或逻辑学是一切科学的工具。他是形式逻辑学的奠基人，他力图把思维形式和存在联系起来，并按照客观实际来阐明逻辑的范畴。亚里士多德把他的发现运用到科学理论上来。作为例证，他选择了数学学科，特别是几何学，因为几何学当时已经从泰勒斯想对土地测量的经验规则给予合理说明的早期试验阶段，过渡到后来的具有比较完备的演绎形式的阶段。但是，逻辑学的三段论法对实验科学确实毫无用处的。因为实验科学所追求的目标是发现，而不是从公认的前提得到形式证明。从元素不能再分割为更简单的物体的前提出发，在 1890 年未尝不可提出一个正确的已知元素表，但是到 1920 年，再运用这个前提就会把一切放射性元素排除在外。前提既然已经改变，“元素”一词的意义也就改变了。但是，这个事实并不能证明三段论是没用的，也不能就此认定现代物理学是错误的。幸运的是，现代的实验家并不再为逻辑形式而耗费心神了，但希腊和中古时代的科学界却在亚里士多德的权威下，运用演绎法把许多错误的权威说成是绝对正确的，并用欺骗性的逻辑形式进行了许多错误的推论。

在天文学方面，他认为运行的天体是物质的实体，地是球形的，是宇宙的中心；地球和天体由不同的物质组成，地球上的物质是由水气火土四种元素组成，天体由第五种元素“以太”构成。在物理学方面，他反对原子论，不承认有真空存在；他还认为物体只有在外力推动下才运动，外力停止，运动也就停止。

在生物学方面，他对500多种不同的植物动物进行了分类，至少对50多种动物进行了解剖研究，指出鲸鱼是胎生的，还考察了小鸡胚胎的发育过程。亚历山大大帝在远征途中经常给他捎回各种动植物标本。

在教育方面，他认为理性的发展是教育的最终目的，主张国家应对奴隶主子弟进行公共教育。使他们的身体、德行和智慧得以和谐地发展。

亚里士多德还曾提出许多数学和物理学的概念，如极限、无穷数、力的合成等。亚里士多德的逻辑学著作后来由他的注释者汇编成书，取名叫作《工具论》。他们继承了亚里士多德的看法，认为逻辑学既不是理论知识，又不是实际知识，只是知识的工具。《工具论》主要论述了演绎法，为形式逻辑奠定了基础，对这门科学的发展具有深远的影响。

亚里士多德的另一著作《物理学》讨论了自然哲学，存在的原理，物质与形式，运动，时间和空间等方面的问题。他认为要使一个物体运动不已，需要有一个不断起作用的原因。

亚里士多德在《论天》一书中开始讨论物质和可毁灭的东西，并进而讨论了发生和毁灭。在这个发生和毁灭的过程中，相互对立的原则冷和热、湿和燥两两相互作用，而产生了火气土水四种元素。除这些地上的元素外，他又添上了以太。以太作圆运动，并且组成了完美而不朽的天体。

《气象学》讨论了天和地之间的区域，即行星、彗星和流星的地带；其中还有一些关于视觉、色彩视觉和虹的原始学说。第四册里叙述了一些原始的化学观念。在现在看来，亚里士多德的气象学远不如他的生物学著作那样令人满意，然而这部著作在中世纪后期却有很大的影响。

亚里士多德的其他重要著作有：《形而上学》《伦理学》《政治学》和《分析前篇和后篇》等。这些著作对后来的哲学和科学的发展起了很大的影响。

亚里士多德对世界的贡献之大，令人震惊。他至少撰写了170种著作，其中流传下来的有47种。当然，仅以数字衡量是远远不够的，更为重要的是他渊博的学识令人折服。他的科学著作，在那个年代简直就是一本百科全书，内容涉及天文学、动物学、胚胎学、地理学、地质学、物理学、解剖学、生理学，总之，涉及古希腊人已知和各个学科。他的著作包含三个方面：一是前人的知识积累，二是助手们为他所作的调查与发现，三是他自已独立的见解。

作为一位最伟大的、百科全书式的科学家，亚里士多德对世界的贡献无人可比。但他的成就远不止于此。他还是一位真正哲学家，对哲学的几乎每个学科都作出了贡献。他的写作涉及形而上学、心理学、经济学、神学、政治学、修辞学、教育学、诗歌、风俗，以及雅典宪法。他的研究课题之一搜集各国的宪法，并依此进行比较研究。

在哲学方面，亚里士多德最大的贡献在于创立了形式逻辑这一重要分支学科。逻辑思维是亚里士多德在众多领域建树卓越的支柱，这种思维方式自始至终贯穿于他的研究、统计和思考之中。当然，他也犯错误，但次数少得惊人。

亚里士多德的思想对西方文化根本倾向以至内容产生了深刻的影响。在上古及中古时期，他的著作被译成拉丁文、叙利亚文、阿拉伯文、意大利文、希伯来文、德语和英语。以后的希腊学者研究及推崇他的著作，拜占庭的学者也是如此。他的思想是中世纪基督教思想和伊斯兰经院派哲学的支柱。伊斯兰世界最重要的思想家阿威罗伊，将伊斯兰的传统学说与亚里士多德的理性主义融合成自身的思想体系。最有影响的犹太教思想家迈蒙尼德，用理性主义解释犹太教义，在调和科学、哲学和宗教方面取得了重大成就。

随着亚里士多德作品的不断被发现，中世纪出现了一个研究亚里士多德主义的新时代，学者们以此作为求得各方面真知识的基础。亚里士多德在研究方法上，习惯于对过去和同时代的理论持批判态度，提出并探讨理论上的盲点，使用演绎法推理，用三段论的形式论证。

如果以现在的标准衡量，亚里士多德的某些思想显得有些极端。例如，他赞同奴隶制及女性所受的不平等待遇，认为这是自然界的安排。但是，亚里士多德的许多思想，今天看来依然非常先进，如“贫穷是革命与罪孽之母”、“立法者应该把主要精力放在教育青年上；忽视教育必然危及国本。”

亚里士多德学识渊博，著述颇丰。他对于当时尚未分类的科学部门如政治、逻辑、伦理、历史、物理（自然学科）、心理学、美学、教育学等均有研究并有独到见解，被马克思誉为“古代最伟大的思想家”。亚里士多德的教学思想主要散见于其《政治学》和《伦理学》中。

亚里士多德的教学思想是建立在他的人性论、认识论及其对于儿童身心发展考察的基础之上的。他把人的灵魂分为两个部分，一是非理性灵魂，其功能是本能、感觉、欲望等，二是理性灵魂，其功能是思维、理解、认识等。他认为在人的认识过程中，灵魂的主要功能是感觉和思考。灵魂借助于感觉器官而感知外界事物，那被感觉的东西是不以人的意志为转移的，从而承认感觉在认识过程中的地位和作用。但是，他又认为感觉在这里只起到一种诱发的作用，真理和知识只有通过理性的思考才能获得。因此，亚里士多德的教学目的是发展灵魂高级部分的理性。

亚里士多德为其哲学学校设立了“百科全书”式的课程。他主张学生在德、智、体、美等方面全面发展，且在不同时期各有所侧重。幼儿期以身体发展（体育）为主；少年期以音乐教育为核心、以德、智、美为主要内容；高年级要学习文法、修辞、诗歌、文学、哲学、伦理学、政治学以及算术、几何、天文、音乐等学科。但不管怎样，重心都应放在发展学生的智力上。他特别强调音乐在培养儿童一般修养上的作用。认为音乐具有娱乐、陶冶性情、涵养理性三种功能，它能使人解疲乏、炼心智、塑造性格、激荡心灵，进而通过沉思进入理性的、高尚的道德境界。在体育教学中，他不同意教师只让学生进行严酷甚至痛苦的训练，要教“简便的体操”和“轻巧的武艺”，着重于让儿童身体正常发展。

在教学方法上，亚里士多德重视练习与实践的作用。如在音乐教学中，他经常安排儿童登台演奏，现场体验，熟练技术，提高水平。在师生关系上，

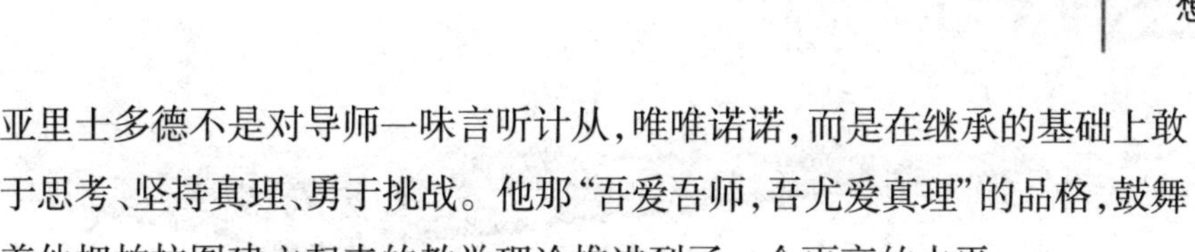

亚里士多德不是对导师一味言听计从，唯唯诺诺，而是在继承的基础上敢于思考、坚持真理、勇于挑战。他那“吾爱吾师，吾尤爱真理”的品格，鼓舞着他把柏拉图建立起来的教学理论推进到了一个更高的水平。

亚里士多德是古希腊又一位伟大的教学思想家，他所提出的关于人的灵魂三部分自然发展的思想，奠定了其关于依据年龄分期实施教学的认识论基础，这既是一个教学适应自然的良好开端，也是把教学理论建立在人类自身发展和教育发展规律之上的初步尝试。他的自然主义教学观对西方自然主义教学理论的发展产生了重要影响，促进了自然科学的研究风气。他继承并发展了苏格拉底以来的主智主义传统，建立了包括自然学科在内的百科全书式的课程体系，提出了注重实践的良好措施，为后人留下了一笔包罗宏富的教育遗产。

亚里士多德显示了希腊科学的一个转折点。在他以前，科学家和哲学家都力求提出一个完整的世界体系，来解释自然现象。他是最后一个提出完整世界体系的人。在他以后，许多科学家放弃提出完整体系的企图，转入研究具体问题。

亚里士多德集中古代知识于一身，在他死后几百年中，没有一个人像他那样对知识有过系统考察和全面掌握。他的著作是古代的百科全书。恩格斯称他是“最博学的人”。

作为一个百科全书式的学者，以哲学的思考来解决自然界的问题，他的智慧令许多人望尘莫及。如果没有丰富的想象力，不知道他众多的学科研究还能剩下什么？

逐梦箴言

人的潜能到底有多大？亚里士多德在哲学、天文学、胚胎学、地理学、物理学、解剖学、教育学等领域的研究都有过人之处缘自于他对真理的坚守，敢于向权威和陈腐挑战。思想使人这根脆弱的苇草变得异常强大。

知识链接

犹太教

犹太教是世界三大一神信仰中，最早而且最古老的宗教，也是犹太民族的生活方式及信仰。犹太教的主要诫命与教义，来自托拉（托辣），即圣经的前五卷书。托拉，广义上指上帝启示给以色列人的真义，亦指上帝启示给人类教导与指引。狭义上指《旧约》的首五卷（犹太人不称旧约），又称律法书或《摩西五经》即《创世纪》《出埃及记》《利未记》《民数记》和《申命记》。

■ 北斗星的启示

张衡是我国历史上是东汉时期最著名的科学家之一。时候杰出的科学家。他从小就爱想问题，对周围的事物，总要寻根究底，弄个水落石出。

在一个夏天的晚上，张衡和爷爷、奶奶在院子里乘凉。他坐在一张竹床上，仰着头，呆呆地看着天空，还不时举手指指划划，认真地数星星。

张衡对爷爷说："我数的时间久了，看见有的星星位置移动了，原来在天空的，偏到西边去了。有的星星出现了，有的星星又不见了。它们不是在跑动吗？"

爷爷说道："星星确实是会移动的。你要认识星星，先要看北斗星。你看那边比较明亮的七颗星，连在一起就像一个水瓢，一边是瓢把，一边是勺，你找一找试试。"

"噢！我找到了！"小张衡很兴奋又问："那么，它是怎样移动的呢？"

爷爷想了想说："大约到半夜，它就移到地平线上，到天快亮的时候，这北斗就翻了一个身，倒挂在天空……"

这天晚上，张衡一直睡不着，多次起来看北斗。夜深人静，当他看到那闪烁而明亮的北斗星时，果然倒挂着，他感到多么高兴啊！他想：这北斗为什么会这样转来转去，是什么原因呢？天一亮，他便赶去问爷爷，谁知爷爷也讲不清楚。于是，他带着这个问题，读天文书去了。

后来，张衡长大了，皇帝得知他文才出众，把张衡召到京城洛阳担任太史令，主要是掌管天文历法的事情。

为了探明自然界的奥秘，年轻的张衡常常一个人关在书房里读书、研究，还常常站在天文台上观察日月星辰。他想，如果能制造出一种仪器，能够上观天，下察地，预报自然界将要发生的情况，这对人们预防灾害，揭穿那些荒诞的迷信鬼话，该是多么好啊！

于是，张衡把从书本中和观察到的材料，进行分析研究，开始了试制“观天察地”仪器的工作。他把研究的心得先写成一本书，叫做《灵宪》。在这本书里，他告诉人们：天是球形的，像个鸡蛋，天就像鸡蛋壳，包在地的外面，地就像蛋黄，就叫做“浑天说”。之后，张衡又根据“浑天说”的理论，成功地研制出了世界上第一个观测天象的仪器——浑天仪。

学会看北斗，相信许多孩子都有这个过程。但是多数都只限于在满天灿烂的星河里，寻找北斗七星的方法而已。而张衡不同，他有许多个为什么，他学会了用想象来解答问题，尽管不一定是正确的答案，但却为他提供了一个广阔的空间。

科学家的大脑的确与普通人不一样，因为那里面装着的是一个异彩纷呈的世界。那是从小就培养起来的思维意识。当他们遇到问题时，不是避开或者绕过去，而是在问为什么。可能由此还会联想起别的事情来。这就是想象。如果我们青少年遇到问题时，也多问几个为什么，或许真的可以扩展你的思维空间，丰富你的想象力。当然，这是在培养你自己。

逐梦箴言

但凡伟大的科学家，他们在很小时便显现出与旁人不同的超常之处。遇事喜欢刨根问底，探个究竟。如果把这种品质保持下去，穷其一生，定会在他热爱的事业中取得非凡的成就。不要忽视那些看似无用的天性，它往往是开启智慧之门的钥匙。

知识链接

张衡

张衡（78 – 139），字平子，南阳西鄂（今河南南阳市石桥镇）人，我国东汉时期伟大的天文学家、数学家、发明家、地理学家、制图学家、文学家、学者。在汉朝官至尚书，为我国天文学、机械技术、地震学的发展作出了不可磨灭的贡献。由于他的贡献突出，联合国天文组织曾将太阳系中的1802号小行星命名为“张衡星”。

智慧心语

凡善于考虑的人，一定是能根据其思考而追求可以通过行动取得最有益于人类东西的人。

——亚里士多德

每一个时代都是靠幻想养育的，以免人们过早地放弃生活，使人类走向死亡。

——康拉德·约瑟夫

与智慧结合的幻想是艺术之母和奇迹之源。

——戈雅

想象力比知识更为重要。

——爱因斯坦

只要我们能梦想的，我们就能够实现。

——刻在美国肯尼迪宇航中心大门上的箴言

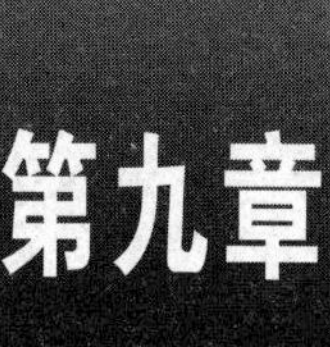

第九章

成绩是鞭策

导读

成绩是鞭策，这是个辩证关系。在科学研究中，好成绩就意味着成功，不好的成绩就意味着挫折。这是很正常的现象。成功了，再接再厉，挫折了，失败是成功之母。因此，科学家的成与败，都是鞭策。

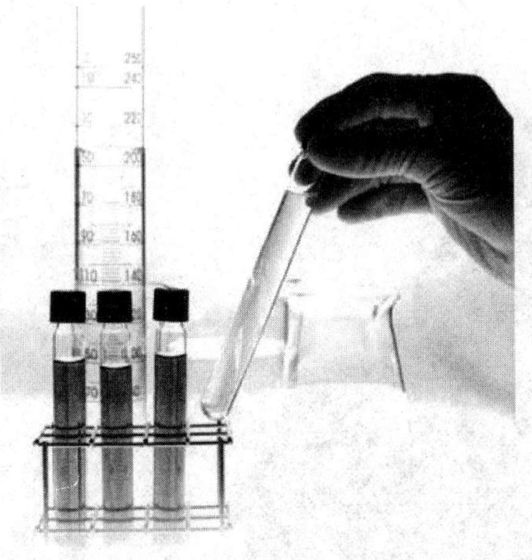

■ 达尔文对大自然的向往

我们每个人都有这样的经历，那就是，当学习或者事业中有了好的成绩，那是喜悦的。有了不好的成绩，则是沮丧的，这是人之常情。对于科学家而言，好的成绩，意味着攻克了一个难关，或者出了新的成果，这固然可喜。但是不好的成绩，就可能意味着失败，当然也可能是连续的失败。虽然令人沮丧却并不奇怪。因为没有失败的过程就不会有真正的成功。从这个意义上讲，任何一项科学研究课题，都存在着失败的危险。在课题研究的过程中，出现失败的现象倒是离成功走近了一步。甚至也可以这样认为，失败的次数越多，离成功的距离越近，这一点不用过多地解释，谁都明白是怎么一回事。所以，当我们拿到成绩单时，应该保持一个良好的心态，胜不骄，败不馁。

当然，这样的事情说起来容易，做起来可不易，但这是一名科学家应该拥有的品质。

1809 年 2 月 12 日，达尔文出生在英国的施鲁斯伯里。祖父和父亲都是当地的名医，家里希望他将来继承祖业，16 岁时便被父亲送到爱丁堡大学学医。

但达尔文从小就热爱大自然，尤其喜欢打猎、采集矿物和动植物标本。进到医学院后，他仍然经常到野外采集动植物标本。

父亲认为他“游手好闲”、“不务正业”，一怒之下，于 1828 年又送他到剑桥大学，改学神学，希望他将来成为一个“尊贵的牧师”。

达尔文对神学院的神创论等谬说十分厌烦，他仍然把大部分时间用在听自然科学讲座，自学大量的自然科学书籍。热心于收集甲虫等动植物标本，对神秘的大自然充满了浓厚的兴趣。

1828 年的一天，在伦敦郊外的一片树林里，一位大学生围着一棵老树转悠。突然，他发现在将要脱落的树皮下，有虫子在里边蠕动，便急忙剥开树皮，发现两只奇特的甲虫，正急速地向前爬去。这位大学生马上左右开弓抓在手里，兴奋地观看起来。正在这时，树皮里又跳出一只甲虫，大学生措手不及，迅即把手里的甲虫藏到嘴里，伸手又把第三只甲虫抓到。看着这些奇怪的甲虫，大学生真有点爱不释手，只顾得意地欣赏手中的甲虫，早把嘴里的哪只给忘记了。嘴里的那只甲虫憋得受不了啦，便放出一股辛辣的毒汁，把这大学生的舌头蜇得又麻又痛。他这才想起口中的甲虫，张口把它吐到手里。然后，不顾口中的疼痛，得意洋洋地向市内的剑桥大学走去。

这个大学生就是查理·达尔文。后来，人们为了纪念他首先发现的这种甲虫，就把它命为“达尔文”。

1831 年，达尔文从剑桥大学毕业。他放弃了待遇丰厚的牧师职业，依然热衷于自己的自然科学研究。这年 12 月，英国政府组织了“贝格尔号”军舰的环球考察，达尔文经人推荐，以“博物学家”的身份，自费搭船，开始了漫长而又艰苦的环球考察活动。

达尔文每到一地总要进行认真的考察研究，采访当地的居民，有时请他们当向导，爬山涉水，采集矿物和动植物标本，挖掘生物化石，发现了许多没有记载的新物种。他白天收集谷类岩石标本、动物化石，晚上又忙着记录收集经过。1832 年 1 月，“贝格尔”号停泊在大西洋中佛得角群岛的圣地亚哥岛。水兵们都去考察海水的流向。达尔文和他的助手背起背包，拿着地质锤，爬到山上去收集岩石标本。

在考察过程中，达尔文根据物种的变化，整日思考着一个问题：自然界的奇花异树，人类万物究竟是怎么产生的？他们为什么会千变万化？彼此之间有什么联系？这些问题在脑海里越来越深刻，逐渐使他对神创论和物种不变论产生了怀疑。

1832年2月底，“贝格尔”号到达巴西，达尔文上岸考察，向船长提出要攀登南美洲的安第斯山。

当他们爬到海拔4000多米的高山上时，达尔文意外地在山顶上发现了贝壳化石。达尔文非常吃惊，他心中想到：“海底的贝壳怎么会跑到高山上了呢？”经过反复思索，他终于明白了地壳升降的道理。达尔文脑海中一阵翻腾，对自己的猜想有了更进一步的认识：“物种不是一成不变的，而是随着客观条件的不同而相应变异！”

后来，达尔文又随船横渡太平洋，经过澳大利亚，越过印度洋，绕过好望角，于1836年10月回到英国。在历时五年的环球考察中，达尔文积累了大量的资料。回国之后，他一面整理这些资料，一面又深入实践，同时，查阅大量书籍，为他的生物进化理论寻找根据。

1842年，他第一次写出《物种起源》的简要提纲。

1859年11月达尔文经过20多年研究而写成的科学巨著《物种起源》终于出版了。在这部书里，达尔文旗帜鲜明地提出了“进化论”的思想，说明物种是在不断的变化之中，是由低级到高级、由简单到复杂的演变过程。

这部著作的问世，第一次把生物学建立在完全科学的基础上，以全新的生物进化思想，推翻了“神创论”和物种不变的理论。《物种起源》是达尔文进化论的代表作，标志着进化论的正式确立。

《物种起源》的出版，在欧洲乃至整个世界都引起轰动。它沉重地打击了神权统治的根基，从反动教会到封建御用文人都狂怒了。他们群起攻之，诬蔑达尔文的学说“亵渎圣灵”，触犯“君权神授天理，”有失人类尊严。

与此相反，以赫胥黎为代表的进步学者，积极宣传和捍卫达尔文主义。指出：进化论轰开了人们的思想禁锢，启发和教育人们从宗教迷信的束缚下解放出来。

紧接着，达尔文又开始他的第二部巨著《动物和植物在家养下的变异》的写作，以不可争辩的事实和严谨的科学论断，进一步阐述他的进化论观点，提出物种的变异和遗传、生物的生存斗争和自然选择的重要论点，并很快出版这部巨著。

晚年的达尔文，尽管体弱多病，但他以惊人的毅力，顽强地坚持进行科学研究和写作，连续出版了《人类的由来》等很多著作。达尔文本人认为“他一生中主要的乐趣和唯一的事业”，是他的科学著作。还有一些在旅行中直接考察得到的最重要的科学成果，如：达尔文本人所写的著名的《考察日记》和《贝格尔号地质学》《贝格尔号的动物学》等。在他的著作中，具有特别重大历史意义的是《物种起源》，表明达尔文的进化论思想和自然选择理论的逐步发展过程。

《物种起源》的出版是一件具有世界意义的大事，因为《物种起源》的出版标志着十九世纪绝大多数有学问的人对生物界和人类在生物界中的地位的看法发生了深刻的变化。《物种起源》的出版，引起造化论者和具有目的论情绪的科学家们（而这些人却是占绝大多数）对达尔文学说的猛烈攻击，也引起维护达尔文主义的相应斗争，积极参加这一斗争的除达尔文本人外还有进步的博物学家；他们到处都成为达尔文学说的热烈拥护者。

达尔文在《物种起源》出版后，来自各方面的压力非常之大。甚至在他一次演讲时，有人带着猴子到会场嘲弄他。但是达尔文并没有屈服，他接着又出版了《动物和植物在家养下的变异》《人类的由来》《考察日记》和《贝格尔号地质学》《贝格尔号的动物学》等著作。这是他科学考察的成绩，在不被认可时，他做到了一个科学家坚持真理的责任，更是一种鞭策。

逐梦箴言

真正的梦想绝不会因为压力而夭折。

知识链接

达尔文进化论

19世纪中叶，达尔文创立了科学的生物进化学说，以自然选择为核心的达尔文进化论，第一次对整个生物界的发生、发展，作出了唯物的、规律性的解释，推翻了特创论等唯心主义形而上学在生物学中的统治地位，使生物学发生了一个革命变革。除了生物学外，他的理论对人类学、心理学及哲学的发展都有不容忽视的影响。进化论是人类历史上第二次重大科学突破，第一次是日心说取代地心说，否定了人类位于宇宙中心的自大情结；第二次就是进化论，把人类拉到了与普通生物同样的层面，所有的地球生物，都与人类有了或远或近的血缘关系，彻底打破了人类自高自大，一神之下，众生之上的愚昧式自尊。

面对困惑的胆量

有一位科学家，从小对待成绩带来的困惑，就是想办法认真去解决它。他就捷克科学家海洛夫斯基。

海洛夫斯基很小的时候，就表现出了他的聪明才智。他的父亲普德是费迪南德大学的罗马法教授，也是一位著名的律师，对孩子们的要求非常严格，希望他们早日成才。母亲克莱拉很为她的三个女儿和两个儿子感到自豪，是个慈祥的母亲，对他们的生活给予无微不至的关怀。海洛夫斯基和他的姐姐弟弟们过着非常快乐的童年。

有一天，小海洛夫斯基从学校回来时愁眉苦脸的，吃晚饭的时候还是心不在焉，只低着头吃饭，没吃几口菜。妈妈发现他有不开心的事，给他添了些菜，并问道：

"孩子，我是否可以帮忙为你做点什么吗？"

小海洛夫斯基才惊醒过来，抬起头看看大家，红着脸对妈妈说：

"没什么，只不过老师布置的一道题我做错了，可我找不出错在哪儿。"

"亲爱的孩子，你要记住，无论做什么事都要专心，先吃饭吧。"爸爸也发话了。

小海洛夫斯基点了点头。

饭后，妈妈向小海洛夫斯建议：

"我们出去散散步好吗？呼吸一点大自然的新鲜空气。"

"当然好，我也想出去走走。"

小海洛夫斯基和妈妈一起走到村外，欣赏大自然美妙的景色。青山如黛，千变万幻的云朵分外美丽，清澈透明的溪流，蜻蜓在草丛间飞来飞去，捕捉着小虫，风中带着醉人的气息。小海洛夫斯基的心情逐渐轻松起来，学校里的紧张也渐渐消除，脑子也灵活起来。散步归来，他又精神抖擞了，坐下来开始做那道做错的题。时间一点点地过去，时钟“嘀嗒、嘀嗒”地响着，只听见小海洛夫斯基写字的“沙沙”声和翻书声。

外面姐姐弟弟正在做他们平常最爱玩的游戏，一阵又一阵的欢笑打闹声从门缝传进来，弟弟敲着他的门过来邀请他参加游戏。小海洛夫斯基从沉思中回过神来，但仍表示要继续做题。姐姐也跑过来让他一起玩，边说边走进去看他做的题目，看见凌乱地放在桌上、写满了各种算式及图形的草稿纸，就知道他在做数学题，惊奇地问他：

“海洛夫斯基，你的数学与物理向来都很好呀，怎么会被难住呢？我帮你算出来吧，那你就可以玩了。”姐姐热心地说。

“不，姐姐，我要自己把它算出来，你们先去玩吧，我一会儿就可以了。我已经找出一处可能错的地方了，我不大熟悉这种方法，有个地方可能不小心弄错了，我自己能行的，让我自己来吧。”小海洛夫斯基自信地向他们保证。

就在这时他找对了思路，只见他嘴边露出一丝微笑，在一张白纸上胸有成竹地重新演算起来，他拿着笔很流畅地在纸上“沙沙”地写着，一步，再有一步，他飞快地算着答案，哈，终于演算出来了，他收拾好东西安心地加入到姐弟们的游戏当中。爸爸看到他露出了满意的笑容：

“孩子，做得好，你会成功的。”

一道数学题做错了，可以说不是什么大事。可是小海洛夫斯基没把它当做小事。题做错了，自然属于挫折，正是这个挫折，鞭策他寻找到了正确的答案，事实证明他做到了。也就是凭着这种精神，海洛夫斯基从小到大孜孜不倦地学习，不断地向科学高峰攀登。

1959 年，海洛夫斯基因发明和发展极谱法而获诺贝尔化学奖。他是第一个获此殊荣的捷克斯洛伐克人，他为自己和祖国赢得了巨大的荣誉。

逐梦箴言

在人生的路上，每个人都可能遇到困惑，最重要的是走出心灵的迷茫。海洛夫斯基很幸运，他有一位善良细心的母亲，及时发现了他身上的困惑并加以开导和指点。正是这样的家庭教育，以及他自己的天资和拼搏努力，激励他不停地攀登科学高峰，最终获得辉煌成果。因此，陷入迷途并不可怕，拨开云雾勇敢迎向前方，一定会迎到崭新的朝阳。

知识链接

【极谱法】

通过测定电解过程中所得到的极化电极的电流—电位（或电位—时间）曲线，来确定溶液中被测物质浓度的一类电化学分析方法。于1922年由捷克化学家J.海洛夫斯基建立。极谱法和伏安法的区别在于极化电极的不同。极谱法是使用滴汞电极或其他表面能够周期性更新的液体电极为极化电极；伏安法是使用表面静止的液体或固体电极为极化电极。极谱法分为控制电位极谱法和控制电流极谱法两大类。

献身的精神

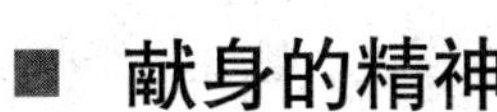

有一位科学家，在科学研究中取得了一定的成果时，遭遇了很大的困难。但是他是一位坚强的人，把一时的困难当做动力，鞭策他继续他所献身的科学事业。他就是著名的德国科学家卡尔·弗里德里希·高斯

高斯是一对普通夫妇的儿子。他的母亲是一个贫穷石匠的女儿，虽然十分聪明，但却没有接受过教育，近似于文盲。在她成为高斯父亲的第二个妻子之前，她从事女佣工作。高斯的父亲曾做过园丁，工头，商人的助手和一个小保险公司的评估师。当高斯三岁时便能够纠正他父亲的借债账目的事情，已经成为一个轶事流传至今。他曾说，他在麦仙翁堆上学会计算。能够在头脑中进行复杂的计算，是上帝赐予他一生的天赋。

上小学时，高斯就能用很短的时间计算出了老师布置的任务。有一次老师要求学生们对自然数从 1 到 100 的求和。他所使用的方法是：对 50 对构造成和 101 的数列求和（1+100，2+99，3+98……），同时得到结果：5050。这一年，高斯九岁。

高斯的父亲格尔恰尔德·迪德里赫对高斯要求极为严厉，甚至有些过分，常常喜欢凭自己的经验为年幼的高斯规划人生。高斯尊重他的父亲，并且秉承了其父诚实、谨慎的性格。

在成长过程中，幼年的高斯主要得力于母亲和舅舅：高斯的母亲罗捷雅、舅舅弗利德里希。弗利德里希富有智慧，为人热情而又聪明能干，投身于纺织贸易颇有成就。他发现姐姐的儿子聪明伶俐，因此他就把一部分精

力花在这位小天才身上,用生动活泼的方式开发高斯的智力。若干年后,已成年并成就显赫的高斯回想起舅舅为他所做的一切,深感对他成才之重要,他想到舅舅多产的思想,不无伤感地说,舅舅去世使"我们失去了一位天才"。正是由于弗利德里希慧眼识英才,经常劝导姐夫让孩子向学者方面发展,才使得高斯没有成为园丁或者泥瓦匠。

在数学史上,很少有人像高斯一样很幸运地有一位鼎力支持他成才的母亲。罗捷雅直到34岁才出嫁,生下高斯时已有35岁了。她性格坚强、聪明贤慧、富有幽默感。高斯一生下来,就对一切现象和事物十分好奇,而且决心弄个水落石出,这已经超出了一个孩子能被许可的范围。当丈夫为此训斥孩子时,她总是支持高斯,坚决反对顽固的丈夫想把儿子变得跟他一样无知。

罗捷雅真的希望儿子能干出一番伟大的事业,对高斯的才华极为珍视。然而,她也不敢轻易地让儿子投入当时尚不能养家糊口的数学研究中。在高斯十九岁那年,尽管他已做出了许多伟大的数学成就,但她仍向数学界的朋友W·波尔约问道:

"高斯将来会有出息吗?"

W·波尔约告诉她说:

"你的儿子将是欧洲最伟大的数学家。"

为此这位母亲激动得热泪盈眶。

7岁那年,高斯第一次上学了。头两年没有什么特殊的事情。1787年高斯10岁,他进入了学习数学的班次,这是一个首次创办的班,孩子们在这之前都没有听说过算术这么一门课程。数学教师是布特纳,他对高斯的成长也起了一定作用。

有一次,布特纳给学生们讲数学题。这是一个等差数列的求和问题。当布特纳刚一写完时,高斯就算完了,并把写有答案的小石板交了上去。

有篇回忆高斯的文章里写道:高斯晚年经常喜欢向人们谈论这件事,说当时只有他写的答案是正确的,而其他的孩子们都错了。高斯没有明确地讲过,他是用什么方法那么快就解决了这个问题。

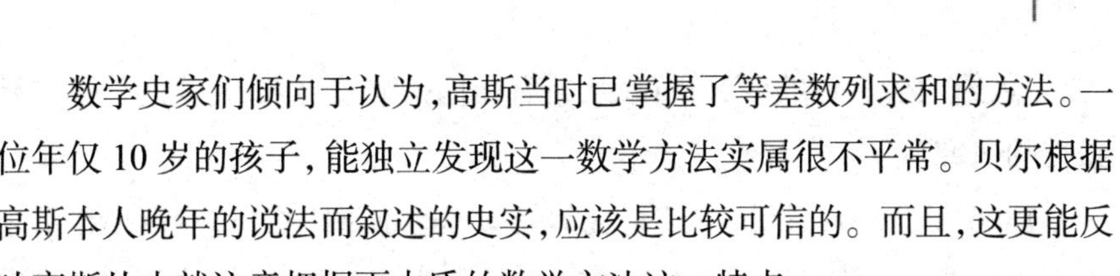

数学史家们倾向于认为，高斯当时已掌握了等差数列求和的方法。一位年仅10岁的孩子，能独立发现这一数学方法实属很不平常。贝尔根据高斯本人晚年的说法而叙述的史实，应该是比较可信的。而且，这更能反映高斯从小就注意把握更本质的数学方法这一特点。

高斯的计算能力，更主要地是高斯独到的数学方法、非同一般的创造力，使布特纳对他刮目相看。他特意从汉堡买了最好的算术书送给高斯，并对他说：

“你已经超过了我，我没有什么东西可以教你了。”

这时，高斯与布特纳的助手巴特尔斯建立了真诚的友谊，直到巴特尔斯逝世。他们一起学习，互相帮助，高斯由此开始了真正的数学研究。

1788年，11岁的高斯进入了文科学校，他在新的学校里，所有的功课都极好，特别是古典文学、数学尤为突出。经过巴特尔斯等人的引荐，布伦兹维克公爵召见了14岁的高斯。这位朴实、聪明但家境贫寒的孩子赢得了公爵的同情，公爵慷慨地提出愿意作高斯的资助人，让他继续学习。布伦兹维克公爵在高斯的成才过程中起了举足轻重的作用。不仅如此，这种作用实际上反映了欧洲近代科学发展的一种模式，表明在科学研究社会化以前，私人的资助是科学发展的重要推动因素之一。高斯正处于私人资助科学研究与科学研究社会化的转变时期。

1792年高斯进入布伦兹维克的卡罗琳学院继续学习。1795年，公爵又为他支付各种费用，送他入德国著名的哥丁根大学，这样就使得高斯得以按照自己的理想，勤奋地学习和开始进行创造性的研究。1799年，高斯完成了博士论文，回到家乡布伦兹维克，正当他为自己的前途、生计担忧而病倒时——虽然他的博士论文顺利通过了，已被授予博士学位，同时获得了讲师职位，但他没有能成功地吸引学生，因此只能回老家——又是公爵伸手救援他。公爵为高斯支付了长篇博士论文的印刷费用，送给他一幢公寓，又为他印刷了《算术研究》，使该书得以在1801年问世；还负担了高斯的所有生活费用。所有这一切，令高斯十分感动。他在博士论文和《算术研究》中，写下了情真意切的献词：

“献给大公！你的仁慈，将我从所有烦恼中解放出来，使我能从事这种独特的研究”。

1806年，公爵在抵抗拿破仑统帅的法军时不幸阵亡，这给高斯以沉重打击。他悲痛欲绝，长时间对法国人有一种深深的敌意。大公的去世给高斯带来了经济上的拮据，德国处于法军奴役下的不幸，以及第一个妻子的逝世，这一切使得高斯有些心灰意冷。但他是位刚强的汉子，从不向他人透露自己的窘况，也不让朋友安慰自己的不幸。人们只是在十九世纪整理他的未公布于众的数学手稿时才得知他那时的心态。在一篇讨论椭圆函数的手搞中，突然插入了一段细微的铅笔字：“对我来说，死去也比这样的生活更好受些。”

从公爵阵亡离世给高斯带来的伤害，可以看出，当时他真的连死的心都有了。但是，他是一位科学家，他知道公爵一定希望他把科学研究进行下去，他知道这是公爵的遗愿。当然，他也懂得科学研究在他生命中的分量。因此他必须把这一切当作一种鞭策，把科学研究进行下去。

这时的高斯必须找一份合适的工作，以维持一家人的生计。由于高斯在天文学、数学方面的杰出工作，他的名声从1802年起就已开始传遍欧洲。彼得堡科学院不断暗示他，自从1783年欧拉去世后，欧拉在彼得堡科学院的位置一直在等待着像高斯这样的天才。公爵在世时坚决劝阻高斯去俄国，他甚至愿意给高斯增加薪金，为他建立天文台。现在，高斯又在他的生活中面临着新的选择。

为了不使德国失去最伟大的天才，德国著名学者洪堡联合其他学者和政界人物，为高斯争取到了享有特权的哥丁根大学数学和天文学教授，以及哥丁根天文台台长的职位。1807年，高斯赴哥丁根就职，全家迁居于此。从这时起，除了一次到柏林去参加科学会议以外，他一直住在哥丁根。洪堡等人的努力，不仅使得高斯一家人有了舒适的生活环境，高斯本人可以充分发挥其天才，而且为哥丁根数学学派的创立、德国成为世界科学中心和数学中心创造了条件。同时，这也标志着科学研究社会化的一个良好开端。

高斯有数学王子、数学家之王的美称，被认为是人类有史以来最伟大的四位数学家之一。人们还称赞高斯是人类的骄傲。天才、早熟、高产、创造力不衰，人类智力领域的几乎所有褒奖之词，对于高斯都不过分。

高斯的数学研究几乎遍及所有领域，在数论、代数学、非欧几何、复变函数和微分几何等方面都做出了开创性的贡献。他还把数学应用于天文学、大地测量学和磁学的研究，发明了最小二乘法原理。他十分注重数学的应用，并且在对天文学、大地测量学和磁学的研究中也偏重于用数学方法进行研究。

高斯开辟了许多新的数学领域，从最抽象的代数数论到内蕴几何学，都留下了他的足迹。从研究风格、方法乃至所取得的具体成就方面，他都是 18 至 19 世纪之交的中坚人物。如果我们把 18 世纪的数学家想象为一系列的高山峻岭，那么最后一个令人肃然起敬的巅峰就是高斯；如果把 19 世纪的数学家想象为一条条江河，那么其源头就是高斯。

逐梦箴言

"成功等于天才加勤奋"，高斯从小对数学表现出过人的天赋，但如果没有后天的勤奋和执著，也很难蹚过一条条河流，到达成功的彼岸。因此，人一旦产生了一个简单的坚定的想法，只要你不停地重复它，抱着为之献身的精神追求到底，终会使之成为现实。提炼、研究、重复，是成功的法宝；持之以恒，是迈向成功的必由之路。

知识链接

数学

起源于人类早期的生产活动，为中国古代六艺之一，亦被古希腊学者视为哲学之起点。是研究数量、结构、变化以及空间模型等概念的一门科学。透过抽象化和逻辑推理的使用，由计数、计算、量度和对物体形状及运动的观察中产生。数学的基本要素是：逻辑和直观、分析和推理、共性和个性。数学，作为人类思维的表达形式，反映了人们积极进取的意志、缜密周详的逻辑推理及对完美境界的追求。中国古代数学体系正是形成于秦汉时期，主要标志是算术已成为一个专门的学科，以《九章算术》为代表的数学著作的出现。

品格的力量

如果说鞭策高斯继续在数学领域建功立业是公爵的遗愿，或者是一个科学家使命的话，那么列文虎克，从一个守门人到微观世界的探秘者，在他成名之后，不骄不躁，继续将科学研究事业进行到底直到生命的终点，则是一名科学家的品格使然。

列文虎克，荷兰显微镜学家、微生物学的开拓者。生卒均于代尔夫特。幼年没有受过正规教育。1648 年到阿姆斯特丹一家布店当学徒。20 岁时回代尔夫特自营绸布。中年以后被代尔夫特市长指派做市政事务工作。这种工作收入不少且很轻松，使他有较充裕的时间从事他自幼就喜爱的磨透镜工作，并用之观察自然界的细微物体。由于勤奋及本人特有的天赋，他磨制的透镜远远超过同时代人。他的放大透镜以及简单的显微镜形式很多，透镜的材料有玻璃、宝石、钻石等。其一生磨制了五百多个透镜，有一架简单的凸透镜，其放大率竟达 270 倍！

列文虎克于 1632 年 10 月 24 日出生在荷兰代尔夫特市的一个酿酒工人家庭。他父亲去世很早，在母亲的抚养下，读了几年书。16 岁即外出谋生，过着飘泊苦难的生活。后来返回家乡，才在代尔夫特市政厅当了一位看门人。

由于看门工作比较轻松，时间宽裕，而且接触的人也很多，因而，在一个偶然的机会里，他从一位朋友那里得知，荷兰的最大城市阿姆斯特丹有许多眼镜店，除磨制镜片外，也磨制放大镜，并告诉他说：

“用放大镜，可以把看不清的小东西放大，并让你看得清清楚楚，神妙极了。”

具有强烈好奇心的列文虎克，默默地想着这个新鲜有趣的问题，越想越产生了兴趣。

“闲着也没事，我不妨也买一个放大镜来试试。”

可是，当他到眼镜店一问，原来价钱却贵得吓人，他只好高兴而去，扫兴而归了。

列文虎克从眼镜店出来，恰好看到磨制镜片的人在使劲地磨着。但磨制的方法并不神秘，只是需要仔细和耐心罢了。

“索性我也来磨磨看。”

从那时起，列文虎克利用自己的充裕时间，耐心地磨制起镜片来。

列文虎克除懂荷兰文之外，其他文字一窍不通。尤其一些科学技术的著作都以拉丁文为主，所以，列文虎克没法阅读这些参考资料，他只能自己摸索着。

列文虎克经过辛勤劳动，终于磨制成了小小的透镜。但由于实在太小了，他就做了一个架子，把这块小小的透镜镶在上边，看东西就方便了。

后来，经过反复琢磨，他又在透镜的下边装了一块铜板，上面钻了一个小孔，以使光线从这里射进而反照出所观察的东西来。这就是列文虎克所制作的第一架显微镜，它的放大能力相当大，竟超过了当时世界上所有的显微镜。

列文虎克有了自己的显微镜后，便十分高兴地察看一切。他把手伸到显微镜旁，只见手指上的皮肤，粗糙得像块柑桔皮一样，难看极了；他看到蜜蜂腿上的短毛，犹如缝衣针一样地直立着，使人有点害怕。随后，他又观察了蜜蜂的螫针、蚊子的长嘴和一种甲虫的腿。

总之，他对任何东西都感兴趣，都要仔细观察。可是，当他把身边和周围能够观察的东西都看过之后，便又开始不大满足了。他觉得应该再有一个更大、更好的显微镜。

为此，列文虎克更加认真地磨制透镜。由于经验加上兴趣，使他毅然

辞退了公职，并把家中的一间空房改作了自己的实验室。

几年以后，列文虎克所制成的显微镜，不仅越来越多和越来越大，而且也越来越精巧和越来越完美了，以致能把细小的东西放大到两三百倍。

列文虎克的工作是保密的，他从不允许任何人参观，总是单独一个人在小屋里耐心地磨制镜片，或观察他所感兴趣的东西。他作为自学者，从动物学各科中，获得了广博的知识。他把从草浸泡液中所观察到的微生物，称之为"微动物。"

但是，列文虎克却对他的朋友——医生兼解剖学家德·格拉夫是个例外，因格拉夫既是代尔夫特城里的名医，同时也是英国皇家学会的通讯会员。他早听人说，列文虎克正在研制什么神秘的眼镜。

一天，格拉夫终于专程前来拜访列文虎克。面对这位知名人士和朋友的来访，他热情地接待了客人，并拿出自己的显微镜请格拉夫观看。不看则已，看着看着倒使格拉夫抬起头来，严肃地说道：

"亲爱的，这可真是件了不起的创造发明啊！"

格拉夫接着又说："你知道吗？你的创造发明具有极其伟大的意义。你不能再保守秘密了，应该立即把你的显微镜和观察记录，送给英国的皇家学会。"

"难道连显微镜也要送去？"这可是列文虎克从来没有考虑过的严肃问题——要公开自己的显微镜。他认为这是自己的心血，自己的财富。所以，当他听了格拉夫的劝告后，他竟情不自禁地把显微镜收了起来。

"朋友，这种公开不是坏事，谁也不会侵占你的成果，你必须向世界公众表明：你的观察是如此非凡，这是人类从未发现的新课题。"

听了朋友的好心劝告，列文虎克虔诚地点了点头。

1673年的一天，英国皇家学会收到了一封厚厚的来信。打开一看，原来是一份用荷兰文书写的、字迹工整的记录，其标题是：

《列文虎克用自制的显微镜，观察皮肤、肉类以及蜜蜂和其他虫类的若干记录》

当时，在场的学者们看了标题，有人开玩笑说：

“这真是一个咬文嚼字的啰唆标题。”

“这肯定是一个乡巴佬写的。迷信加空想。这里边说不定写了些什么滑稽可笑的事呢！”

不料，他们读着读着，却一下被其中的内容牢牢地吸住了，这竟是科学家们毫无所知的神秘事情啊！

列文虎克这样写道：

“大量难以相信的各种不同的极小的‘狄尔肯’。它们活动相当优美，它们来回地转动，也向前和向一旁转动。”

“好，好，这是一篇极有价值的研究报告。”此时，大家的态度来了个180度的大转弯。

然而，当他最后向皇家学会担保说：“一个粗糙沙粒中有100万个这种小东西；而一滴水，在其中，‘狄尔肯’不仅能够生长良好，而且能活跃地繁殖，能够寄生大约270多万个‘狄尔肯’。”显赫的皇家学会，竟觉得这又是件太令人不可思议的事了，以至于不得不委托它的两个秘书，物理学家罗伯特·虎克和植物学家格鲁，为皇家学会弄一个质量最好的显微镜来，以进一步证实列文虎克所报告的事实是否真实。

经过几番周折，列文虎克的科学实验，终于得到了皇家学会的公认。

于是，列文虎克的这份记录被译成了英文，并在英国皇家学会的刊物上发表了。这份出自乡巴佬之手的研究报告，果真轰动了英国学术界。列文虎克也很快成了皇家学会的会员，并对他的成就作出了极高的评价。

成功的喜悦，并没有使好奇心强的列文虎克冲昏头脑。相反，更加促进他那锲而不舍的探索精神。他将自己的观察报告继续不断地寄往伦敦。皇家学会的科学家们一如既往地抢先阅读。

1675年，列文虎克详细地描述了他对人、哺乳动物、两栖动物和鱼类等红血球的观察情况，并把它们的形态结构，绘成了图画。

还是这年，他经过多次对雨水的观察之后，又将他的观察记录送往了皇家学会：

“我用四天的时间，观察了雨水中的小生物，我很感兴趣的是，这些小

生物远比直接用肉眼所看到的东西要小到万分之一。这些小生物在运动的时候,头部会伸出两只小角,并不断地活动,角与角之间是平的。如果把这些小生物放在蛆的旁边,它就好像是一匹高头大马旁边的一只小小的蜜蜂。在一滴雨水中,这些小生物要比我们全荷兰的人数还多许多倍。"

1677年,列文虎克同他的学生哈姆一起,共同发现了人以及狗和兔子的精子。

1682年,列文虎克在人的牙垢中所观察到的比"微动物"更小的生物:

"这些小家伙几乎像小蛇一样用优美的弯曲姿势运动。"

诚然,由于他的显微镜效能还不能完全清晰地看清这些小生物,所以,他的描述和绘图,并不够准确。尽管如此,谁又能怀疑,列文虎克不是发现微小生物的最早鼻祖呢?

列文虎克在牙垢中所发现的微小生物究竟是什么呢? 当时就连他自己也不得而知。直到200年之后,人们才认识了它们,无处没有的细菌。

由于列文虎克的名气越来越大,一天,有位记者来采访列文虎克,向他问道:

"列文虎克先生,你的成功'秘诀'是什么? "

列文虎克想了片刻,他一句话不说,却伸出了因长期磨制透镜而成为满是老茧和裂纹的双手。

这不是一种最诚挚而又巧妙的回答吗?

1723年,91岁高龄的列文虎克,虽然健康状况越来越坏,但他的工作并没有停止。

8月24日清晨, 素有早起习惯的列文虎克却没有按时起床。他的女儿玛丽娅对父亲的破例感到奇怪。当她来到父亲的床前时,列文虎克却抢先说道:

"玛丽娅,快去请霍霍夫利特先生到我这里来。"

即将离开人世的列文虎克,镇静地对好友霍霍夫利特说:

"对不起,请将桌子上的两封信译成拉丁文,并连同包袱送到伦敦皇家学会。"

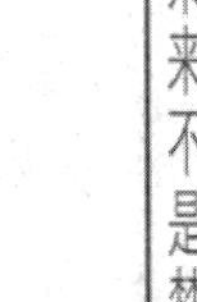

8月27日，列文虎克在亲密的朋友和女儿的陪伴下，在代尔夫特的老家，安静地离开了人世。

伦敦皇家学会收到列文虎克的两封信和一大包东西。一封信详细地写着显微镜的制作方法；另一封信却这样写道：

“我从50年来所磨制的显微镜中，选出了最好的几台，谨献给我永远怀念的皇家学会。”

人们打开包袱一看，共有大小不同的显微镜26台和好几百个放大镜！

一个看门人竟登上了科学的宝座，他在后辈的人生途中，留下了多么宝贵的精神食粮。

“狄尔肯”的本来面目被公之于世，他给人类的健康、幸福，拓开了多么巨大的物质宝库！

在他的一生当中磨制了超过500个镜片，并制造了400种以上的显微镜，其中只有9种至今仍有人使用。虽然他活着的时候就看到人们承认了他的发现，但要等到100多年以后，当人们在用效率更高的显微镜重新观察列文虎克描述的形形色色的“小动物”，并知道他们会引起人类严重疾病和产生许多有用物质时，才真正认识到列文虎克对人类认识世界所作出的伟大贡献。

人生有许许多多的成绩，也许是生活中的琐事，也许是事业中的成果，但无论是繁与简，或者是成还是败，我们总要面对。与其说是一个成果，莫不如当做一个起点来鞭策自己，这才是笑对人生啊！

逐梦箴言

列文虎克勤奋并拥有独特的天赋，一生都在不停地追逐梦想，小小的镜片背后是一个宏大的世界。他的成功经历告诉后人：人生有许许多多的成绩，也许是生活中的琐事，也许是事业中的成果，但无论是繁与简，或者是成还是败，我们总要面对。与其曾经取得的成果是辉煌的，莫不如当做一个起点来鞭策自己，这才能不断进步，从而达到人生的巅峰！

知识链接

【显微镜】

由一个透镜或几个透镜的组合构成的一种光学仪器，是人类进入原子时代的标志。主要用于放大微小物体成为人的肉眼所能看到的仪器。显微镜分光学显微镜和电子显微镜：光学显微镜是在 1590 年由荷兰的杨森父子所首创。现在的光学显微镜可把物体放大 1600 倍，分辨的最小极限达 0.1 微米，国内显微镜机械筒长度一般是 160mm。显微镜是人类这个时期最伟大的发明物之一。在它发明出来之前，人类关于周围世界的观念局限在用肉眼，或者靠手持透镜帮助肉眼所看到的东西。

【微生物学】

生物学的分支学科之一。它是在分子、细胞或群体水平上研究各类微小生物的形态结构、生长繁殖、生理代谢、遗传变异、生态分布和分类进化等生命活动的基本规律，并将其应用于工业发酵、医学卫生和生物工程等领域的科学。基因工程、细胞工程、酶工程及发酵工程就是在微生物学原理与技术基础上形成和发展起来的。

智慧心语

凡外重者内拙。

——庄子

才发现我全部的努力，不过完成了普通的生活。

——穆旦

我不知道在别人看来，我是什么样的人；但在我自己看来，我不过就像是一个在海滨玩耍的小孩，为不时发现比寻常更为光滑的一块卵石或比寻常更为美丽的一片贝壳而沾沾自喜，而对于展现在我面前的浩瀚的真理的海洋，却全然没有发现。如果说我看得比别人更远些，那是因为我站在巨人的肩膀上。

——牛顿

你若要喜爱自己的价值，你就得给世界创造价值。

——歌德

在科学上重要的是研究出来的东西，不是研究者个人。

——居里夫人

第十章

在阳光灿烂的日子里

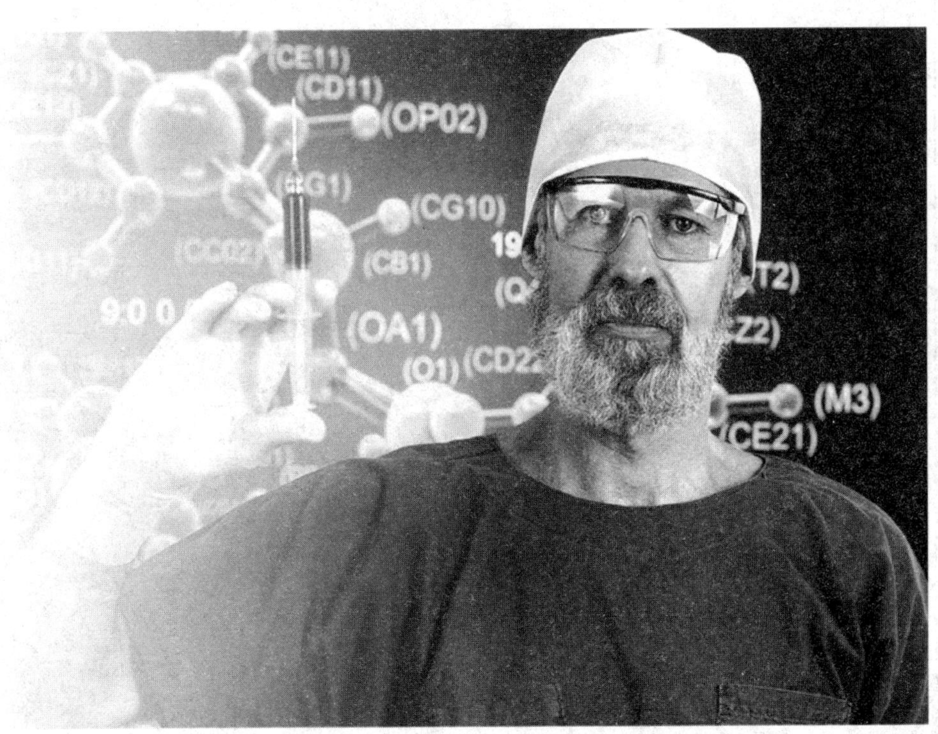

导读

我亲爱的青少年朋友们，当我们仰望太空，追寻“天宫”的时候。当我们跟随“蛟龙”，再探太平洋的时候，你会不会想到，或许有一天，我们同样会踏上征服宇宙的旅途。我们会共同享受科学带给我们的高品质的生活。也许，你就是那探海的蛟龙，也许，你就是那飞向金星的神鹰。

■ 把握今天

我亲爱的青少年朋友们，当我们仰望太空，追寻“天宫”的时候。当我们跟随“蛟龙”，再探太平洋的时候，你会不会想到，或许有一天，我们同样会踏上征服宇宙的旅途。我们会共同享受科学带给我们的高品质的生活。也许，你就是那探海的蛟龙，也许，你就是那飞向金星的神鹰。

然而，这一切的一切，都来自你今天的学习。

我们经常在作文中，或者主题班会上讨论这样一个话题：我有一个梦想。可以说这个梦想已经存在于你的脑海里很久很久了，你想实现吗？你的回答肯定是：

“当然，我想实现！”

没有梦想就没有现实，但是任何梦想都是建立在现实基础之上。没有现实的梦想，那是妄想。也许梦想到现实，仅仅是一步之遥。而妄想，则是永远不会实现的一枕黄粱。

是的，由梦想到现实，也许真的是一步之遥。但是这一步，却需要我们做好充足的准备。

科学技术发展到今天，这个准备已经不是简单的三角几何或者阿基米德定律就可以解决的问题。应该看到，从小学到大学甚至到研究生，都是在做基础的准备。面对未来世界，我们没有理由不做这样的准备。新的世界将展示给我们全新的生活，如果没有全新的知识，我们将变得一无所知，手足无措。如果只是为了活着，只知道吃喝拉撒睡，那无异于行尸走肉。

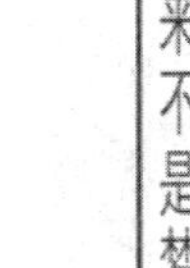

也许我们从现在,哪怕只是个小学生,也应该寻找自己的兴趣与爱好,或者这才是你的梦想。如果你能将梦想再变成理想,那么你就有了一个明确的奋斗目标。就像爱德华·詹纳那样,从小就想当个好医生。尽管爱德华·詹纳不是一位有惊天动地的科学家,但是作为一名优秀的医生,他为人类利益做出了杰出的贡献。当然我们也可以立下誓言,一定要成为牛顿第二,或者发现下一个化学元素的科学家,为化学元素周期表再添上一族。

我想这不是胡思乱想。因为我们现在是在打基础。如果这个基础非常的坚实,那么任何奇迹都有可能在你的身上发生。

■ 飞翔的魅力

如果当你上了大学之后,你的想象力就会非常地丰富。那些奇思妙想会引导你走进你所热爱的专业。当然也可能你的专业并不合你之意,这没什么了不起。任何一个专业都有大师的存在。你不妨试着喜欢一下,也许你还会爱上它。因为每个专业都有它的魅力所在,这需要你去发现它。重要的是,你在大学的专业课仍然是理论多于实践,它是枯燥的乏味的,但是它是你走向研究之路前的黑暗,坚持一下,也许你也就成为大师了。

科学需要理论,也需要想象,科学更需要创造。科学精神离不开理性、怀疑和实践。我们现在学习的理论,是科学前辈们的心血和汗水,我们现在仍是站在巨人的肩膀上审视这个世界。只有当我们深刻地理解和掌握了前辈们的理论基础之上,才有可能提出新的质疑或者是新的课题。这不是狂妄,而是科学。事实上科学技术的发展与进步,必然要建立在否定之否定的基础之上,没有否定,就没有进步。

尽管人们常说:“理论是灰色的,”却肯定了“生命之树是常青的”。这让我们明白,灰色的理论并非一无所用,是在告诫我们不能只掌握理论而

不去实践。任何理论都需要在实践中去检验。当你提出的理论在实践中证实了它的正确，那么，这一理论就会放射出七色的光彩。那真是阳光灿烂的日子。

你和我，是否都在期待着这样的日子呢？

我要飞翔
我要歌唱
我是暴风雨中的海燕
我要在搏击中成长
我是戈壁滩上的红柳
我要在风沙中学会坚强
我是一颗期待暴发的新星
我将在科学的深空发光

智慧心语

如果我们过于爽快地承认失败，就可能使自己发觉不了我们非常接近于正确。

——卡尔·波普尔

真理的大海，让未发现的一切事物躺卧在我的眼前，任我去探寻。

——牛顿

.凡在小事上对真理持轻率态度的人，在大事上也是不足信的。

——爱因斯坦

人的天职在勇于探索真理。

——哥白尼

科学的灵感，决不是坐等可以等来的。如果说，科学上的发现有什么偶然的机遇的话，那么这种"偶然的机遇"只能给那些学有素养的人，给那些善于独立思考的人，给那些具有锲而不舍的精神的人，而不会给懒汉。

——华罗庚